Bertolt Brecht

# Leben des Galilei

von Corinna Scheurer

**STARK**

**Bildnachweis**

Umschlagbild: Tito Lessi, *Galileo and Viviani* (1892)

Seite 1:    bpk/Scala
Seite 5:    bpk/Gerda Goedhart
Seite 9:    Kiko2000/wikipedia, CC BY-SA 3.0
Seite 13:   bpk
Seite 34, 49: © Theater Augsburg
Seite 36:   bpk/Rainer Maria Wallisfurth
Seite 38:   Volker Beushausen
Seite 40, 47: Volker Beinhorn

# Inhalt

**Autorin:** Corinna Scheurer

# Vorwort

**Liebe Schülerin, lieber Schüler,**

diese Interpretationshilfe zu Bertolt Brechts Drama *Leben des Galilei* ermöglicht Ihnen eine gezielte Vorbereitung auf die Unterrichtslektüre und auf Klausuren. Nicht im Sinne eines vorgeformten Schlüssels, mit dessen Hilfe sich die Bedeutung des Werkes von selbst erschließt, sondern als unterstützende Anregung eigenen Denkens und literarischen Empfindens versteht sich dieser Band.

Zunächst werden Ihnen Informationen zum **biografischen Hintergrund** sowie zu der **Entstehungsgeschichte** des Stückes geliefert. Die sich anschließende **Inhaltsangabe** hilft beim Auffrischen der Handlungszusammenhänge und dient einer schnelleren Orientierung im Text.

Im Hauptteil folgen ausführliche Untersuchungen zur **Text- und Motivstruktur** des Dramas sowie zur **literarischen Form des epischen Theaters**, zur **Sprache** und zur **Charakterisierung der zentralen Figuren**. Die ausführlichere **Interpretation von Schlüsselstellen** zeigt exemplarisch, wie bei einer intensiv mit dem literarischen Text arbeitenden Deutung vorgegangen wird und zu welchen Ergebnissen man dabei gelangen kann.

Abschließend erhalten Sie einen Überblick über die **Rezeptionsgeschichte** und **Literaturhinweise**, die zur weiterführenden Beschäftigung mit dem Drama anregen.

Corinna Scheurer

# Einführung

Das 1956 in seiner heutigen Fassung erschienene Drama *Leben des Galilei* gilt als Höhepunkt des politischen Lehrtheaters Bertolt Brechts. Sein unangefochtener Platz im Deutschunterricht der gymnasialen Oberstufe kommt dem Text vornehmlich aus zweierlei Gründen zu. Einerseits bietet die Lektüre des *Galilei* Schülerinnen und Schülern die Möglichkeit, die ebenso bedeutende wie einflussreiche dramentheoretische Konzeption des **epischen Theaters** kennenzulernen und gegebenenfalls deren Umsetzung auf der Bühne beizuwohnen. Andererseits eröffnet die Auseinandersetzung mit Brechts dichterischer Gestaltung des Lebens Galileo Galileis Einblick in die **Entstehung der modernen experimentellen Naturwissenschaften** sowie in deren **problematische Entwicklungsgeschichte**.

„Ich werde sie bei den Köpfen nehmen und sie vor das Rohr schleifen." (S. 40) – Galilei demonstriert vor dem Senat zu Venedig sein Fernrohr (Luigi Sabatelli, um 1820)

1917 hat Sigmund Freud in seinen Vorlesungen zur Einführung in die Psychoanalyse die Lehre vom Weltbild des Kopernikus neben der Darwin'schen Evolutionstheorie und der Entdeckung des Unbewussten durch die Psychoanalyse als **eine der drei Kränkungen der Menschheit** bezeichnet:

> *Zwei große Kränkungen ihrer naiven Eigenliebe hat die Menschheit im Laufe der Zeiten von der Wissenschaft erdulden müssen. Die erste, als sie erfuhr, dass unsere Erde nicht der Mittelpunkt des Weltalls ist, sondern ein winziges Teilchen eines in seiner Größe kaum vorstellbaren Weltsystems. Sie knüpft sich für uns an den Namen Kopernikus [...]. Die zweite dann, als die biologische Forschung das angebliche Schöpfungsvorrecht des Menschen zunichte machte, ihn auf die Abstammung aus dem Tierreich und die Unvertilgbarkeit seiner animalischen Natur verwies. Diese Umwertung hat sich in unseren Tagen unter dem Einfluss von Ch. Darwin, Wallace und ihren Vorgängern nicht ohne das heftigste Sträuben der Zeitgenossen vollzogen. Die dritte und empfindlichste Kränkung aber soll die menschliche Größensucht durch die heutige psychologische Forschung erfahren, welche dem Ich nachweisen will, daß es nicht einmal Herr ist im eigenen Hause, sondern auf kärgliche Nachrichten angewiesen bleibt von dem, was unbewusst in seinem Seelenleben vorgeht.*[1]

Bertolt Brechts Drama thematisiert somit einen entscheidenden **Wendepunkt in der Menschheitsgeschichte der frühen Neuzeit**, in der sich der Mensch nach und nach aus den Fesseln verfestigter Autoritäten befreit und seine Stellung in der Welt neu bestimmt.

Dass der Autor die Dramenhandlung im Italien des frühen 17. Jahrhunderts ansiedelt, mag zunächst vielleicht Bedenken hinsichtlich der Aktualität des Stückes hervorrufen. Brechts Bearbeitung des Stoffes erlaubt es jedoch, ja legt es sogar nahe, die im Zusammenhang mit der Person Galileis aufgeworfenen Fragen

nach der **sozialen Verantwortlichkeit des Wissenschaftlers**
bis in die Gegenwart der heutigen Leser/-innen zu verlängern.

In einer Zeit wie der unsrigen, in der, anders als in der Renais-
sance, wissenschaftliche Forschung nicht länger zwangsläufig mit
gesellschaftlichem Fortschritt gleichgesetzt werden kann, sondern
vielmehr in Form von Rüstungs-, Atom- und Gentechnologie
**menschheitsbedrohende Ausmaße** angenommen hat, ist die
Frage nach der Rolle der Wissenschaften umso brisanter.

Während Galilei noch einem fortschrittsoptimistischen Wis-
senschaftsverständnis anhängt, welches die zunehmende Beherr-
schung der Natur durch den Menschen als Garanten sozialen
Fortschritts betrachtet, werden wir heute verstärkt auch mit den
**Schattenseiten technischer Errungenschaften** sowie mit der
Notwendigkeit konfrontiert, die von der Menschheit bedrohte
Umwelt vor weiterer Zerstörung zu bewahren.

Insbesondere Biomedizin, Gen- und Reproduktionstechnolo-
gie ermöglichen völlig neuartige Zugriffe auf das menschliche
Individuum und stellen uns vor **ungeahnte ethische Probleme**
hinsichtlich der Unantastbarkeit der menschlichen Würde und
der menschlichen Einzigartigkeit. Während es beispielsweise die
in Deutschland praktizierte Gesetzgebung verbietet, menschliche
Embryonen herzustellen, zu klonen oder zu zerstören, ist in anderen Staaten der Europäischen Union wie zum Beispiel in Groß-
britannien die Stammzellenforschung und das Klonen menschlicher Embryonen zu Forschungszwecken erlaubt.

Wie schwierig es ist, der medizinischen Machbarkeit ethische
Grenzen zu setzen, zeigt sich auch bei der Diskussion um den
Einsatz lebensverlängernder Maßnahmen durch die Apparate-
medizin bei unheilbar kranken und unter starken Schmerzen lei-
denden Menschen. Die Zahl der meist älteren Menschen, die aus
Angst vor dem Verlust des Selbstbestimmungsrechts über die eigene medizinische Behandlung eine Patientenverfügung erstellt,
wächst beständig.

Die Zivilgesellschaften des 21. Jahrhunderts sind demnach stets neu gefordert, **kulturell und historisch gewachsene Moralvorstellungen** von Mensch und Natur zu überprüfen, diese abzuwägen gegenüber dem Erkenntnisinteresse der Wissenschaften und der Forschung einen **sozial verantwortbaren Rahmen** bereitzustellen.

Brechts vernunftgläubiger Appell an die moralische Verantwortung eines jeden Wissenschaftlers für seine Forschungsergebnisse ist heute vermutlich in dieser Weise nicht mehr angemessen. Im Zeitalter der Globalisierung hat sich das Problem vielmehr dahingehend verschoben, wie die **Verantwortlichkeit des Einzelnen in dem unüberschaubar gewordenen Netz von Machtstrukturen und Einflusssphären** umrissen werden kann, ohne ihn zum Alleinverantwortlichen für die Menschheitsentwicklung zu überhöhen oder ihn im Umkehrschluss von jeglicher Verantwortung freizusprechen.

Eine kritische Auseinandersetzung mit den im *Galilei* thematisierten Problemfeldern kann somit dazu beitragen, eine reflektierte eigene Haltung bezüglich der gesellschaftlich relevanten Frage nach der **Ethik der Wissenschaften in der Moderne** zu entwickeln.

# Biografie und Entstehungsgeschichte

## 1 Biografischer Hintergrund

Bert(olt) Brecht (eigentlicher Name Eugen Berthold Friedrich Brecht) wird am **10. 2. 1898** in **Augsburg** geboren. Als Sohn eines Direktors einer Papierfabrik wächst er in großbürgerlichem Milieu auf, von dem er sich weltanschaulich bereits in jungen Jahren distanziert und das er später in seinem literarischen Werk radikal angreifen wird.

Bertolt Brecht (1898–1956). Porträtfoto von Gerda Goedhart, 1953 in Berlin-Weißensee

Ab 1908 besucht er das Königliche Realgymnasium in Augsburg, an dem er 1917 kriegsbedingt das Notabitur ablegt. Schon in seiner Schulzeit verspürt Brecht Lust an der Auseinandersetzung mit Autoritätspersonen. In ironischer Verkehrung sozialer Hierarchien kommt der Autor in später verfassten Aufzeichnungen zu folgendem Urteil über seine Lehrkräfte: „Während meines neunjährigen Eingewecktseins an einem Augsburger Realgymnasium gelang es mir nicht, meine Lehrer wesentlich zu fördern. Mein Sinn für Muße und Unabhängigkeit wurde von ihnen unermüdlich hervorgehoben."[2] Nach dem Abitur nimmt Brecht in München ein Studium der Medizin und der Naturwissenschaften auf, das er jedoch nie ernsthaft betreibt, da sein Interesse für die Literatur und das Theater überwiegt. Im Oktober 1918 wird Brecht als Sanitäter in einem Augsburger Lazarett eingesetzt. Bis zum Kriegsende pflegt und betreut er dort Verwundete, eine Erfahrung, die ihn zum überzeugten Kriegsgegner werden lässt.

Die Novemberrevolution 1918 und der Spartakusaufstand vom 5./6. Januar 1919, ein Massenaufstand der Berliner Arbeiter, der von Freikorps blutig niedergeschlagen wird und die Ermordung von Rosa Luxemburg und Karl Liebknecht nach sich zieht, veranlassen Brecht zu dem Stück *Spartakus*, der ersten Fassung der Komödie *Trommeln in der Nacht*.

Mit diesem überarbeiteten und 1922 in München uraufgeführten Werk macht sich Brecht einen Namen als Dramatiker von Rang; im gleichen Jahr verleiht man ihm den Kleistpreis. An den Münchner Kammerspielen erhält Brecht einen Dramaturgenvertrag, doch es zieht den Autor in die Metropole Berlin, die seinem künstlerischen Talent die größtmögliche Stimulation und Entfaltungsfreiheit bietet. 1924 wird er zusammen mit Carl Zuckmayer als Dramaturg an das Deutsche Theater Max Reinhardts in Berlin geholt, wo er zunehmend eigene Stücke inszeniert. In dieser Zeit beginnt Brechts intensive Auseinandersetzung mit dem Marxismus, was seinem Werk eine politische Stoßrichtung verleiht und sich sowohl formal als auch thematisch niederschlägt. Unter Bezugnahme auf die Lehren von Karl Marx versteht Brecht die Menschheitsgeschichte als gekennzeichnet von Herrschaftsstrukturen, deren Grundursache in der gesellschaftlichen Organisation von Arbeit und Besitz besteht. Die kapitalistischen Produktionsverhältnisse der bürgerlichen Gesellschaft brandmarkt Brecht als Ausbeutungssystem, in dem sich die Mehrheit der arbeitenden Bevölkerung in ökonomischer Abhängigkeit von einer Minderheit an Besitzenden befindet. Da er den Menschen aber prinzipiell für erkenntnisfähig hält, begreift er seine künstlerische Arbeit als Beitrag zu einer revolutionären Weltveränderung. In der Folgezeit entstehen Lehrstücke, in denen die Hoffnung auf die gesellschaftsverändernde Kraft der Arbeiterklasse ins Zentrum gerückt wird.

Welcher Anteil an seinem Werk den Frauen in Brechts Leben zukommt, gab zu Spekulationen Anlass.[3] In einigen seiner Stücke findet sich die wenig aussagekräftige maskuline Bezeichnung „Mitarbeiter", gefolgt vom Namen einer Frau. Neben Margarete Steffin, die unter anderem an *Leben des Galilei* mitgewirkt hat, sind vor allem Elisabeth Hauptmann und Ruth Berlau zu nennen. Brecht unterhält vielfältige und wechselnde Liebesbeziehungen zu Frauen aus dem Theatermilieu, mit denen er stets ein intensives Arbeitsbündnis eingeht, das seine künstlerische Arbeit bereichert. Aus diesen Beziehungen gehen vier Kinder hervor. Mit seiner zweiten Ehefrau, der Schauspielerin Helene Weigel, gründet er nach Kriegsende das Berliner Ensemble.

Im Februar 1933, einen Tag nach dem Reichstagsbrand in Berlin, flieht Brecht vor der Gewaltherrschaft der Nationalsozialisten und geht ins Exil. Die Nazis verbrennen Brechts Bücher auf dem Opernplatz in Berlin, da seine gesellschaftskritische, ironische und pazifistische Haltung sowie die Nähe zum Kommunismus sich ihrer menschenverachtenden Ideologie entgegenstellt. 1935 erkennt die nationalsozialistische Führung Brecht die deutsche Staatsangehörigkeit ab.

Stationen des Exils sind Prag, Wien, Zürich und Paris; schließlich lässt sich der Autor bis zum Ausbruch des Zweiten Weltkriegs 1939 in Dänemark auf der Insel Fünen nieder. Dort entsteht die erste Fassung des Dramas *Leben des Galilei*. Im Frühjahr 1939 siedelt Brecht mit seiner Familie nach Schweden über.

Als die deutschen Truppen im April 1940 in Dänemark und Norwegen einmarschieren, verlässt Brecht angesichts der drohenden Gefahr erneut das Land und sucht über Zwischenstationen in Helsinki und Moskau Zuflucht in den USA. In seinem Wohnort Santa Monica, einem Stadtteil von Hollywood, trifft Brecht auf viele andere deutsche Emigranten, wie Lion Feuchtwanger, Fritz Lang, Heinrich Mann und Hanns Eisler. In der künstlerisch außerordentlich fruchtbaren Exilzeit entstehen zahlreiche Dramen wie *Mutter Courage und ihre Kinder* (1941) sowie *Der gute Mensch von Sezuan* (1943), die Brechts Weltruhm begründen.

Brechts Versuchen, in der amerikanischen Filmindustrie Fuß zu fassen, bleibt der Erfolg verwehrt, seine berufliche Integration in den USA gestaltet sich schwierig. Nach dem Ende des Zweiten Weltkriegs bemüht sich Brecht um eine Rückkehr nach Europa. Obwohl Brecht nie Mitglied der Kommunistischen Partei geworden ist, gerät er nach Kriegsende vor dem Hintergrund des sich verschärfenden Ost-West-Konflikts in den USA unter den Verdacht kommunistischer Betätigung. Im Oktober 1947 wird Brecht von dem „Komitee für antiamerikanische Umtriebe" des Senators Joseph McCarthy der kommunistischen Agitation bezichtigt, er kann sich in der Befragung jedoch geschickt behaupten und wird freigesprochen.

Brecht kommt einer Ausweisung zuvor und kehrt nach einem Aufenthalt in der Schweiz, wo seine dramentheoretische Schrift *Kleines Organon für das Theater* entstand, endgültig nach Ostberlin zurück. Dort findet Brecht günstige Voraussetzungen für eine Theaterarbeit, in der seine bereits im Exil entwickelten Vorstellungen vom epischen Theater auf der Bühne umgesetzt werden können. Die DDR-Regierung gewährt dem Künstler großzügige Unterstützung. 1949 gründet er gemeinsam mit seiner Ehefrau Helene Weigel das berühmte „Berliner Ensemble", das nach einem Gastspielrecht im Deutschen Theater 1954 in das Theater am Schiffbauerdamm umzieht.

Als Brecht sich anlässlich des Arbeiteraufstands vom 17. Juni 1953 in der DDR linientreu im Sinne des herrschenden SED-Regimes äußert, wird der Autor im Westen mit einem Theaterboykott sanktioniert. Im Jahre 1955 wird das Aufführungsverbot mit der Premiere des *Galilei* in Köln aufgehoben.

1955 wird Brecht Vizepräsident der Deutschen Akademie der Künste und erhält in Moskau den Stalin-Friedenspreis.

Am **14. 8. 1956** stirbt Bertolt Brecht nach einer Phase längerer Krankheit an einem Herzinfarkt in **Ostberlin**, er wird auf dem Dorotheenfriedhof beigesetzt.

Brecht, dessen Werk wohl wie kaum ein anderes überschwängliches Lob und vernichtende Kritik zugleich auf sich zog, nimmt einen unumstrittenen Platz im Kanon der deutschen Gegenwartsliteratur ein. Mittlerweile gehören seine Texte zum festen Bestandteil der Schullektüre und der Schauspielrepertoires. Kritiker meinen, Brechts auf gesellschaftliche Veränderung zielende Wirkungsabsicht sei gelähmt durch die ästhetische Erbauung an seinen Kunstwerken, das heißt, für den Zuschauer / Leser sei die künstlerische Qualität der gesellschaftlichen Relevanz seiner Stücke übergeordnet. Dieser Umstand veranlasste seinen Schriftstellerkollegen Max Frisch zu der pessimistischen Bilanz, Brechts Existenz sei von der „durchschlagende[n] Wirkungslosigkeit eines Klassikers" gekennzeichnet. Brechts letztes Vermächtnis prägt hingegen seine von Hoffnung getragene Wirkungsabsicht:

*Schreiben Sie, dass ich unbequem war und es auch nach meinem Tod zu sein gedenke. Es gibt auch dann noch gewisse Möglichkeiten.*

*Ich benötige keinen Grabstein, aber*
*Wenn ihr einen für mich benötigt,*
*Wünschte ich, es stünde darauf:*
*Er hat Vorschläge gemacht. Wir*
*Haben sie angenommen.*
*Durch eine solche Inschrift wären*
*Wir alle geehrt. (Bertolt Brecht)*

Doppelgrab von Bertolt Brecht und Helene Weigel auf dem Dorotheenstädtischen Friedhof in Berlin

## 2 Entstehungsgeschichte

Das uns heute vorliegende Drama *Leben des Galilei* ist die dritte und letzte Version eines Stückes, das Bertolt Brecht ursprünglich 1938 / 39 in Dänemark verfasste. Bis zu seiner endgültigen Fassung im Jahre 1955 / 56 wurde es von Brecht unter dem Einfluss aktueller politischer Ereignisse in einigen Passagen entscheidend überarbeitet.

Die **erste Fassung, dänische Fassung** genannt, schloss der Autor im dänischen Exil vor dem Hintergrund der Machtübernahme durch die Nationalsozialisten ab. Das Stück wurde von der zentralen Frage beherrscht, welche Verantwortung den Verfechtern geistiger und gesellschaftlicher Erneuerungen in einem Unrechtsregime zukommt, das Menschenrechte mit Füßen tritt. Galilei wurde, wenn auch nicht ohne kritischen Beiton, als Identifikationsfigur der widerständigen Intellektuellen unter faschistischer Herrschaft konzipiert. Strategisch geschickt verbreitet er die Wahrheit, ohne dabei das eigene Leben aufs Spiel zu setzen.

Als der Gang der Kriegsereignisse im August 1945 in die Zündung der Atombomben über Hiroshima und Nagasaki mündete, bewog Brecht das ungeahnte Ausmaß der Zerstörung zu einer **Umgestaltung der Galilei-Figur**. Der Autor verlieh dem Physiker nun weitaus kritischere Züge. Brecht befand sich zu diesem Zeitpunkt mitten in seinen Arbeiten an einer **amerikanischen Fassung, der zweiten Version** des Stückes. Infolge der traumatischen Erkenntnis bezüglich des globalen Vernichtungspotenzials moderner Atomwaffen konzipierte er Galilei nun als Repräsentanten jener Wissenschaftlergeneration, die in unverantwortlicher Weise Wissen verfügbar machte, das die menschliche Existenz bedroht. Die Biografie des Begründers der neuen Physik stellte sich für den Schriftsteller angesichts der grauenvollen Zerstörung nach Abwurf der Atombombe in einem neuen Licht dar.

Die im kalifornischen Exil 1945/46 entstandene zweite Version des Galilei-Stückes, die sich von der **Berliner Endfassung**, **also der dritten Version**, nur unwesentlich unterscheidet, akzentuiert Galileis Widerruf nicht als taktisches Manöver, sondern als sozialen Verrat, da der Naturwissenschaftler, anstatt seine Erkenntnisse in den Dienst der Menschheit zu stellen, sie den Herrschenden zum freien Gebrauch überlässt. Brecht machte nun den Aspekt der sozialen Verantwortlichkeit des Wissenschaftlers zum Kernproblem des Stückes, da er die Atombombe als Endprodukt von Galileis wissenschaftlicher Leistung und seinem sozialen Versagen begreift.

Die Änderungen betreffen vor allem die **14. Szene**, die der Frage nach der moralischen Ehrbarkeit Galileis in Anbetracht seines Widerrufs gewidmet ist. In der **dänischen Fassung** wird Galilei als Gefangener der Inquisition von seiner Tochter, einem Beamten und einem Arzt überwacht und in seinem wissenschaftlichen Arbeiten streng kontrolliert. Ein Hafner verschafft sich unter dem Vorwand einer Kaminreparatur Eintritt in das Haus Galileis und heckt mit diesem einen verschwörerischen Plan aus, wie die naturwissenschaftlichen Werke über die Grenze gebracht und der Öffentlichkeit zugänglich gemacht werden können. Die beiden Männer werden als mutige Freiheitskämpfer dargestellt, die ihre geeinten Kräfte einem ehrbaren Projekt, der Verbreitung der Wahrheit in einem Unterdrückungsregime, weihen. Ihre intelligente List verlangt den Zuschauern Bewunderung ab.

In der **zweiten und dritten Fassung** hingegen fehlt diese konspirative Unterredung; die Figur des Hafners entfällt und somit verliert auch Galilei die Konturen eines Verfechters der Wahrheit. Auf Andrea Sartis Entlastungsangebot, seinen Widerruf (der aus Angst vor körperlichem Schmerz erfolgt) in eine besonders trickreiche Variante politischen Kalküls umzudeuten, da er doch seine Forschertätigkeit dauerhaft habe sichern wollen, reagiert er ablehnend. Seine Tat wird als sozialer Verrat präsentiert, für den es keinerlei Rechtfertigung gibt. Allerdings wird das Vergehen vor dem Hintergrund von Galileis schonungsloser Selbstanklage in seinem Ausmaß geschmälert. Dass Brecht die **Pestszene**, in der Galilei unter Einsatz seines Lebens die Entscheidung für einen Verbleib in Florenz trifft, der Berliner Fassung wieder hinzufügte, nachdem er sie in der amerikanischen Version gestrichen hatte, trägt darüber hinaus zur Relativierung von Galileis moralischer Schuld bei.

# Inhaltsangabe

### 1. Bild

Schauplatz der Handlung ist das Studierzimmer des naturwissenschaftlichen Gelehrten Galileo Galilei. Hier erläutert Galilei Andrea, dem zehnjährigen Jungen seiner Haushälterin Frau Sarti, zunächst das geozentrische Weltbild des Ptolemäus anhand eines Modells. Galileis Ausführungen erschöpfen sich jedoch nicht allein darin, seinem Schüler die Mittelpunktstellung der Erde zu verdeutlichen, die ihr in diesem kosmischen Weltbild zugewiesen wird, sondern er analysiert darüber hinaus die sozialen Bedeutungen dieses der alten Zeit zugehörigen Welterklärungsmodells. Die alte Zeit beschreibt der Lehrer als geprägt von geistiger und sozialer Unbeweglichkeit sowie von bereits an Aberglauben grenzender Gläubigkeit der Menschen. Laut Galilei ist nun aber mit der Lehre des Kopernikus, mit dem auf die Sonne als Mittelpunkt bezogenen heliozentrischen Weltbild, eine neue Zeit angebrochen, die einen begrüßenswerten gesellschaftlichen Wandel verheißt. Obwohl der Wissenschaft-

Nikolaus Kopernikus (1473–1543), Astronom und Domherr in Thorn

ler diese Entwicklung euphorisch begrüßt, bittet er Andrea um Stillschweigen, solange diese Hypothesen noch nicht öffentlich bewiesen sind. Er weiß ja um die Gefahr der Inquisition, der sich kritische Forscher, die der klerikalen Ordnung nicht genehm sind, ausgesetzt sehen.

Frau Sarti erinnert Galilei an seine finanziellen Probleme und wirkt auf ihn ein, den adligen Ludovico zu unterrichten, der ihm von einer kürzlich in Holland gemachten Erfindung des Fernrohrs berichtet.

In einer Unterredung mit dem Kurator der Universität Padua scheitert der Mathematikprofessor mit seinem Gesuch um eine Gehaltsaufbesserung. Dies zwingt ihn auch weiterhin dazu, zusätzliche Zeit in die Unterrichtung von Privatschülern zu investieren und seine Forschungen zu vernachlässigen. Immerhin jedoch garantiert ihm die Republik Venedig die Freiheit seiner wissenschaftlichen Tätigkeit, da sie ihn im Zweifelsfalle nicht der Inquisition ausliefern würde.

Unzufrieden mit seiner finanziellen Lebenssituation, deutet Galilei Andrea gegenüber sein Vorhaben an, die holländische Erfindung des Fernrohrs zu Geld zu machen.

## 2. Bild

Im großen Arsenal von Venedig gibt Galilei ein den Beschreibungen Ludovicos nachgebautes Fernrohr als seine ureigene, aus siebzehnjähriger Forschertätigkeit hervorgegangene Erfindung aus. Gleichzeitig bezeichnet er sich als „den höchsten wissenschaftlichen und christlichen Grundsätzen" verpflichteter Diener der venezianischen Republik. Dank dieses Täuschungsmanövers gelingt es dem Universitätsprofessor, die kurz zuvor abgelehnte Bitte um eine Gehaltserhöhung rückgängig zu machen und eine Erhöhung um 500 Skudi zu erwirken.

Während sich der Kurator voller Vorfreude in dem durch die Erfindung des Fernrohrs verliehenen Ruhm Venedigs sonnt, distanziert sich Galilei innerlich von diesem „Karneval" und rechtfertigt sich vor Sagredo, seinem Freund, mit der Begründung, das auf den Mond gerichtete Gerät könne die kopernikanische Lehre nachweisen.

Der mit Virginia, Galileis Tochter, befreundete Ludovico durchschaut Galileis Inszenierung und kommentiert dessen Arbeitsethos mit dem bitteren Hinweis, nun endlich etwas von Wissenschaft verstanden zu haben.

## 3. Bild

Die von Galileo und Sagredo mittels des Fernrohrs gemachten Beobachtungen der Gestirne führen zu bahnbrechenden neuen Erkenntnissen.

Galilei erklärt dem Freund, dass Erde und Mond beide von der Sonne angeleuchtet werden und infolgedessen kein Unterschied zwischen diesen beiden Gestirnen bestehe. Sagredos vorausschauende Verweise auf die gefährlichen Konsequenzen dieser Entdeckung ignoriert der Wissenschaftler. So tut er Sagredos Hinweis auf den Fall Giordano Brunos, der wegen eben dieser Behauptungen vor zehn Jahren in Rom verbrannt wurde, leichtfertig ab und beschwört sein Vertrauen in die menschliche Vernunft und den Willen zum Wissen. Berauscht von den Entdeckungen, beschließt Galilei, sich als Hofmathematiker beim Großherzog von Florenz zu verdingen, um einerseits sein finanzielles Auskommen zu sichern und andererseits seine Beweisführung der kopernikanischen Lehre weiter vorantreiben zu können. Sagredos Warnungen vor diesem Vorhaben aufgrund des klerikalen Umfeldes am Hof, das sich der Vorstellung von einer kosmischen Weltordnung, in der dem Göttlichen kein zentraler Platz zukomme, dauerhaft verschließen wird, bleiben ungehört.

## 4. Bild

Nachdem Galilei sich wie beabsichtigt am Florentiner Hof etabliert hat, empfängt er im Beisein des Linsenschleifers Federzoni die dortige Gelehrtenwelt, um diese in seine neuen Erkenntnisse einzuweihen. Entgegen seiner Absicht, die Besucher mittels eines Blicks durch das Fernrohr von der Beweiskraft der Tatsachen zu überzeugen, insistieren allen voran der Philosoph und der Mathematiker auf dem Glauben an die Autorität der aristotelischen Weltordnung. Nicht ob die Mediceischen Gestirne (die von ihm entdeckten Jupitermonde) möglich, sondern ob sie nötig sind, interessiert den Philosophen, der den Fortbestand von „Ordnung und Schönheit" in dem kosmischen Weltbild des göttlichen Aristoteles gewahrt wissen will. Galileis Überredungskünste, seine Versuche, in den Hofgelehrten den Drang nach Erkenntnis zu nähren, bleiben erfolglos; die Galilei'sche Beweisführung wird ignoriert. Die Herren verabschieden sich mit dem Versprechen, die Meinung Pater Clavius', des Hauptastronomen am Päpstlichen Collegium in Rom, einzuholen.

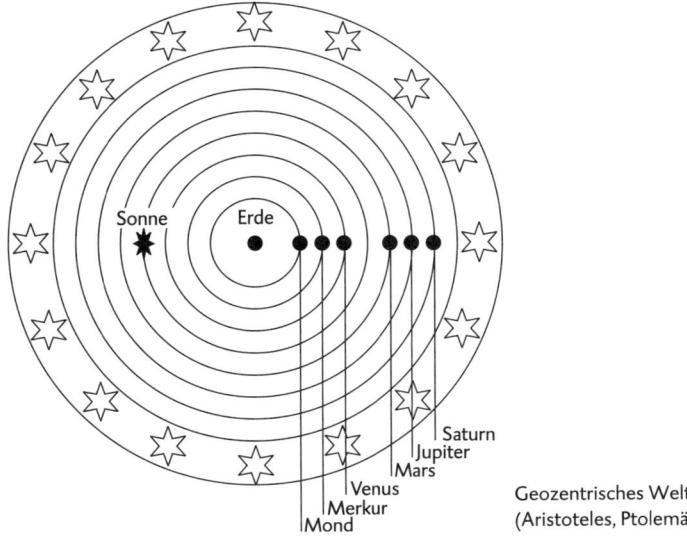

Geozentrisches Weltbild
(Aristoteles, Ptolemäus)

**5. Bild**
Während die Bewohner der Stadt Florenz angesichts der lebensbedrohenden Pestepidemie nach und nach die Stadt verlassen, entschließt sich Galilei seiner Arbeit zuliebe zum Bleiben.

Er sorgt dafür, dass seine Tochter Virginia, Andrea sowie Frau Sarti abreisen, jedoch weigern diese sich, den Wissenschaftler schutzlos alleine zurückzulassen. Während Virginia und Andrea unter Anwendung von Zwang von einem Wagen weggebracht werden, opfert sich die Haushälterin für Galilei auf. Sie kümmert sich weiterhin um den Gelehrten, erkrankt jedoch kurz darauf schwer. Andrea ist unterwegs aus dem fahrenden Wagen gesprungen, kehrt zu seinem Lehrer zurück und steht ihm als Einziger bei seinen Forschungen zur Seite.

## 6. Bild
Im Collegium Romanum, dem Forschungsinstitut des Vatikans, macht sich eine Gruppe Geistlicher über Galileis Behauptung, die Erde drehe sich um die Sonne, lustig.

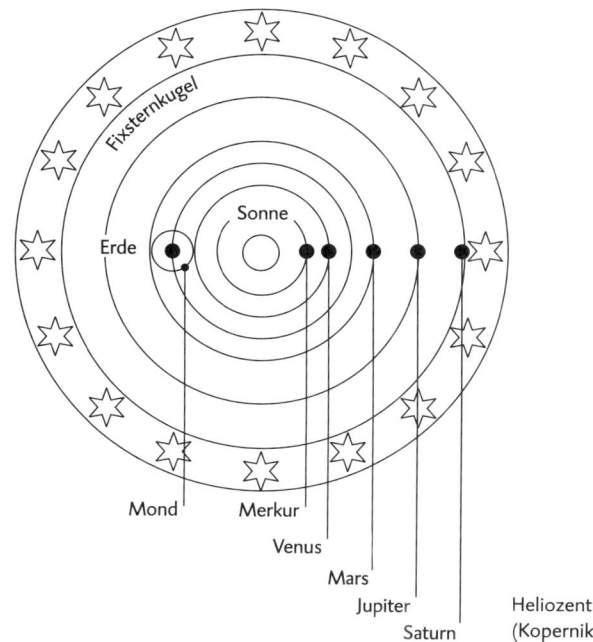

Während der Wissenschaftler das abwertende Gerede kommentarlos verfolgt, überprüft Clavius im Nebenzimmer die Forschungsthesen Galileis. Der alte Kardinal, Wortführer der Mönche, beschuldigt Galilei der Gotteslästerei, da er die Unterschiede zwischen dem ewigen Himmel und der vergänglichen Erde verwische. Den Menschen, die Krone der Schöpfung, verdränge er aus dem Mittelpunkt des Weltalls an eine unbedeutende Randlage. Die Sichtweise Galileis bedeutet für den Kleriker eine ungeheuerliche persönliche Kränkung, da sie mit der Vorstellung vom Menschen als Ebenbild Gottes bricht.

Clavius hingegen bestätigt Galileis Forschungsmeinung, was diesen dazu veranlasst, von einem Triumph der Vernunft auszugehen.

### 7. Bild

In Begleitung Virginias und deren Verlobten Ludovico ist Galilei Gast des Klerikers Bellarmin in Rom. Der Wissenschaftler lässt sich von den Kardinälen Barberini und Bellarmin zum Disput über seine astronomischen Forschungen provozieren. Die beiden Geistlichen werfen Galilei ketzerisches Handeln vor und stützen sich auf Bibelzitate, die den Menschen auf eine Zügelung der Vernunft und des Wissens verpflichten. Galilei indessen verweist auf seine Gläubigkeit und kontert mit ebenfalls der Heiligen Schrift entnommenen Versen, in denen die geistige Stärke und Furchtlosigkeit des Menschen gerühmt werden. Bellarmin bezichtigt Galilei der falschen Bibelauslegung und ermahnt ihn, seine Lehrmeinung aufzugeben, da das Heilige Offizium beschlossen habe, die Lehre des Kopernikus als Gotteslästerung zu verurteilen.

### 8. Bild

Im Palast des florentinischen Gesandten in Rom wird Galilei von dem „kleinen Mönch" Fulganzio, der ebenfalls Mathematiker ist, um eine Unterredung gebeten. Der Geistliche berichtet von seinem inneren Aufruhr angesichts der Unvereinbarkeit zwischen der wissenschaftlichen Überzeugungskraft der kopernikanischen Lehre einerseits und dem vom Heiligen Offizium erteilten Verbot per Dekret andererseits. Um seinen Seelenfrieden wiederzuerlangen, beschließt er, der Astronomie zu entsagen, und teilt Galilei seine Beweggründe mit: Da das Elend für die Armen auf der Welt nur deshalb erträglich sei, weil diese sich als Teil einer von Gott gewollten und geschaffenen Ordnung begreifen, dürfe man ihnen die Vorstellung von der Sinnhaftigkeit ihres jämmerlichen Daseins nicht nehmen. Die Lehre des Kopernikus jedoch, die die Erde als einen Stern unter vielen bestimme und den Menschen aus seiner zentralen Stellung verbanne, entzöge diesen Menschen jeglichen Lebenswillen. Galileis scharfsichtige Replik vermag Fulganzio jedoch schnell zu überzeugen, dass die Lehre von der Mittelpunktstellung der Erde allein dem päpstlichen Streben nach Machterhalt geschuldet ist. Der Wissenschaftler pocht auf Werte wie Wahrheit, Vernunft und Aufklärung, um die „göttliche Geduld" der Untergebenen in „göttliche[n] Zorn" (S. 81) angesichts der elenden Lebensbedingungen umzuwandeln.

## 9. Bild

Im Haus von Galilei in Florenz haben sich dessen Schüler Federzoni, Fulganzio und Andrea Sarti zu einer experimentellen Vorlesung über die aristotelische Lehre der schwimmenden Körper versammelt. Seit acht Jahren schon bewahrt der Wissenschaftler Stillschweigen über seine astronomischen Erkenntnisse. Die Entschuldigung des Gelehrten Mucius für die Verdammung der kopernikanischen Lehre in seinem Buch weist Galilei zurück, und er beschimpft den ehemaligen Schüler als Verbrecher.

Galilei ist seinem Interesse für die astronomische Forschung treu geblieben. Als Ludovico berichtet, dass der Papst im Sterben liege und der Mathematiker Barberini dessen Nachfolge antrete, schöpft Galilei erneut Hoffnung auf die Freiheit der Forschung. Frau Sarti dagegen ergreift Partei für Virginias persönliches Glück; sie wirft Galilei egoistisches Verhalten vor, denn niemals werde der adlige Ludovico die Tochter eines Gelehrten ehelichen, der die Stellung der Obrigkeit bedroht.

**10. Bild**
Während der Fastnachtsumzüge im Jahr 1632 werden in vielen Darbietungen Galileis neue Ideen aufgegriffen. Ein Balladensänger verweist auf die gesellschaftlichen Folgen der Galilei'schen Lehre, die durch die Korrektur der verbreiteten Annahme, dass sich die Sonne um die Erde drehe, nun auch die sozialen Hierarchien infrage stellt. Von dem vielfach wiederholten Vers „Wer wär nicht auch mal gern sein eigner Herr und Meister?" (S. 98 ff.) geht eine Wirkung aus, die die Menge geradezu aufpeitscht.

**11. Bild**
Galilei begibt sich in Begleitung von Virginia nach Florenz in den Palast der Medici, um dem Großherzog sein neues Buch, die Dialoge über die beiden größten Weltsysteme, zukommen zu lassen. Bevor der Wissenschaftler vorgelassen wird, teilt ihm der Eisengießer Vanni vertraulich mit, dass man ihn für gegen die Bibel verfasste Pamphlete verantwortlich mache. Zugleich versichert er Galilei im Namen der Manufaktur und der oberitalienischen Städte seine Unterstützung und bietet ihm eine

Titelseite des *Dialogo*, Lateinische Ausgabe 1699, mit Aristoteles, Ptolemäus und Kopernikus

Fluchtmöglichkeit nach Venedig an, doch Galilei lehnt ab. Gegenüber Virginia äußert er sich empört darüber, für die sozialen Folgen seiner Forschungen haftbar gemacht zu werden, und distanziert sich von jeder politischen Parteinahme. Als der Großherzog die Annahme des neuen Buches verweigert, weiß Galilei, dass die Zeit zur Flucht gekommen ist. Seine vorab getroffenen Vorkehrungen nutzen ihm jedoch nichts mehr, der florentinische Hof entzieht Galilei seinen Schutz und liefert ihn zum Verhör der Heiligen Inquisition in Rom aus.

## 12. Bild

In einer Unterredung mit Papst Urban VIII. versucht der Kardinal Inquisitor, ihn gegen Galilei und dessen astronomische Lehren aufzuhetzen. Während Barberini, selbst ein Mann der Wissenschaft, sich anfänglich noch gegen die Verhaftung sträubt, können des Inquisitors drastische Schilderungen von den angeblich ketzerischen und die Volksmassen aufwiegelnden Theorien Galileis diesen letztendlich doch von der Notwendigkeit einer Verurteilung überzeugen. Der Wissenschaftler soll unter Androhung von Foltermaßnahmen zum Schweigen gebracht werden.

## 13. Bild

Im Palast des florentinischen Gesandten in Rom haben sich Fulganzio, Federzoni und Andrea eingefunden, um gemeinsam die Reaktion des Lehrers auf die Widerruf-Forderung der Kirche abzuwarten. Die Schüler Galileis sind von der Überzeugung und Hoffnung getragen, dass er der Gewalt trotzt und im Namen von Wahrheit und Vernunft Widerstand leistet. Sie müssen jedoch erfahren, dass der Wissenschaftler angesichts der körperlichen Bedrohung den eigenen Lehren abschwört, und begegnen ihm bei seiner Rückkehr bitter enttäuscht. Galilei relativiert seinen Verrat, indem er die ihm von Andrea angetragene Heldenrolle zurückweist („unglücklich das Land, das Helden nötig hat", S. 116).

### 14. Bild

Galileo lebt als Gefangener der Inquisition mit Virginia in einem Landhaus nahe Florenz, wo es ihm in begrenztem Rahmen und unter kirchlicher Kontrolle erlaubt ist, weiterhin zu forschen. Der mittlerweile vierzigjährige Andrea Sarti besucht seinen ehemaligen Lehrer und berichtet ihm vorwurfsvoll von den weltweit verheerenden Folgen des Widerrufs für die Entwicklungen in Wissenschaft und Gesellschaft. Als Galilei ihm von der Fertigstellung der *Discorsi,* den „Gespräche[n], betreffend zwei neue Wissenszweige: Mechanik und Fallgesetze" (S. 123), unterrichtet und ihm auf Nachfragen eine geheim angefertigte Abschrift aushändigt, reagiert Andrea reuevoll. Hatte er den Lehrer zuvor als feigen Versager beschimpft, idealisiert er ihn nun zum hellsichtigen, moralisch unfehlbaren Kämpfer für die Wahrheit. Galilei jedoch sträubt sich gegen dieses Entlastungsangebot und bezichtigt sich selbst eines mangelnden Wissenschaftsethos. Er klagt sich an, durch seinen Widerruf eine einmalige Chance verspielt zu haben. Sein Gelöbnis für eine im Dienste der Humanität forschende Wissenschaft kommt zu spät.

### 15. Bild

Andrea plant, Italien am nächsten Tag zu verlassen und die *Discorsi* über die Grenze zu schmuggeln, wo ihn eine Reisekutsche erwartet. Sein Gepäck wird von Grenzbeamten auf religionsfeindliche Schriften überprüft, jedoch werden die Beamten mangels Bildung nicht fündig, denn sie halten Galileis Lehre für ein Werk von Aristoteles. Sarti kann die Grenze ungehindert passieren und der Welt die in den *Discorsi* niedergelegten Erkenntnisse Galileo Galileis zukommen lassen.

# Textanalyse und Interpretation

## 1 Aufbau und Textstruktur

Anders als beim aristotelischen Drama unterteilt Brecht sein Stück nicht in die üblichen fünf Akte, denen einzelne Szenen zugeordnet sind. Es gibt keine Einheit von Ort, Zeit oder Handlung. *Leben des Galilei* besteht vielmehr aus **15 Bildern, deren räumlicher und zeitlicher Zusammenhalt vergleichsweise locker gestaltet** ist: In aller Regel ist der Übergang zu einem neuen Bild an einen Schauplatzwechsel gekoppelt und auch eine direkte chronologische Anknüpfung an das jeweils vorausgegangene Geschehen besteht nicht. Betrachtet man beispielsweise den Beginn des 14. Bildes – Galilei empfängt im Jahre 1642 als Gefangener der Inquisition den Besucher Andrea Sarti –, so liegt der im 13. Bild geschilderte Widerruf des Gelehrten in Rom bereits neun Jahre zurück und Galilei hat zudem einen Ortswechsel in ein Landhaus bei Florenz vollzogen. Die Raum- und Zeitstruktur des Stückes unterbricht den Handlungsfluss und trägt somit dazu bei, der Illusion des Publikums von der Zwangsläufigkeit geschichtlicher Ereignisse entgegenzuwirken.

Die den einzelnen Bildern übergeordneten Titel haben vorwiegend informative Funktion und gewährleisten den Zusammenhang zwischen den einzelnen Bildern. Sie verweisen zum einen auf die in der Dramenhandlung ausgesparten Ereignisse (vgl. Bildtitel 4 „Galilei hat die Republik Venedig mit dem Florentiner Hof vertauscht.", S. 42) oder nehmen Kommendes vorweg (vgl. Bildtitel 5 „Uneingeschüchtert auch durch die Pest setzt Galilei seine Forschungen fort", S. 53). Auch die der Dramenhandlung vorangestellten Verse, deren epische Funktion an anderer Stelle ausführlicher erläutert wird (vgl. *Interpretationshilfe*, S. 60), bündeln und kommentieren die Geschehnisse. Der vorinformierte Zuschauer/Leser kann seine ganze Aufmerksamkeit auf den Ablauf und die Darstellung der Ereignisse richten.

Dem äußeren Aufbau des Stückes in Form einer losen Reihung von 15 verschiedenen Bildern steht eine **dicht verwobene Textstruktur im Innern des Dramas** gegenüber. Brecht konzipiert die einzelnen Bilder gemäß des **Strukturprinzips von Parallele und Kontrast** und schafft somit zahlreiche wirkungsintensivierende Verweisungszusammenhänge zwischen den Szenen: Während Galilei für die auf einem Betrug beruhende Erfindung des Fernrohrs im 2. Bild als „Gelehrter von Weltruf" (S. 26) gefeiert wird, zwingt ihn die kirchliche Obrigkeit im 13. Bild zum Widerruf. Galileis mühevoll ausgearbeitete Beweisführung des kopernikanischen Weltbildes wird verworfen und er selbst als Ketzer verurteilt. Das „höchst verkaufbare [...] Rohr" (S. 26) wird von den Machthabern als gewinnträchtige Ware gepriesen, jedoch verweigern die Florentiner Hofgelehrten im 4. Bild den Gebrauch des Fernrohrs als Instrument wissenschaftlicher Erkenntnis.

Ähnliche Widersprüche lassen sich an Galileis Wissenschaftsverständnis sowie an seinem Verhalten seinen Mitmenschen gegenüber festmachen. Der Gelehrte leistet im 8. Bild eindrucksvolle Überzeugungsarbeit, wenn er Fulganzio von der Notwendigkeit sozialen Engagements berichtet. Umso enttäuschender ist Galileis eigenes Verhalten, wenn er sich vor Vanni mit den Worten „Was daraus gemacht oder nicht gemacht wird, geht mich nichts an." (S. 104) von den gesellschaftlichen Folgen der Wissenschaft distanziert. Auch Galileis geduldige Unterweisungen seines Zöglings Andrea in der kopernikanischen Lehre stehen im Kontrast zum Umgang mit der eigenen Tochter, wenn er ihr im 3. Bild geäußertes astronomisches Interesse schroff zurückweist.

## Der Aufbau des Stückes

| Phasen | Bild | Schauplatz und Jahr | Handlung |
|---|---|---|---|
| A Galilei sichert seine Lehre vom kopernikanischen Weltbild durch Beweise ab | 1 | Padua 1609 | Galilei beschwört den Anbruch eines neuen Zeitalters |
| | 2 | Venedig | Galilei überreicht der Republik ein Fernrohr |
| | 3 | Padua 1610 | Galilei beweist mithilfe des Fernrohrs die kopernikanische Lehre |
| B Galileis mutiger Kampf für die Wahrheit (1. Phase des Konflikts) | 4 | Florenz | Galilei präsentiert seine Entdeckungen den Gelehrten am Florentiner Hof |
| | 5 | Florenz | Galilei setzt trotz der Pest seine Forschungen fort |
| | 6 | Rom 1616 | Das Collegium Romanum setzt Galileis Lehre auf den Index |
| | 7 | Rom 1616 | Die Inquisition setzt Galileis Lehre auf den Index |
| | 8 | Rom | Gespräch zwischen Galilei und dem kleinen Mönch Fulganzio |
| C Galileis Kapitulation vor der drohenden Verfolgung (2. Phase des Konflikts) | 9 | Florenz 1624 | Wiederaufnahme der astronomischen Forschungen |
| | 10 | 1632 | Galilei Lehre findet Verbreitung im Volk |
| | 11 | Florenz 1633 | Auslieferung Galileis an die Inquisition |
| | 12 | Rom | Der Inquisitor fordert vom Papst eine Verurteilung von Galileis Lehre |
| | 13 | Rom 1633 | Widerruf Galileis |
| D Folgen des Widerrufs / Galilei zieht Bilanz | 14 | Arcetri bei Florenz 1633 | Galilei als Gefangener der Inquisition |
| | 15 | 1637 | Andrea Sarti bringt Galileis Erkenntnisse über die Grenze |

Besonders eindringliche Wirkung entfaltet dieses Gestaltungs-
prinzip dort, wo Brecht es ins Innere eines Bildes selbst verlagert.
In der Widerrufszene (Bild 13) werden zwei historische Möglichkeiten parallelisiert, deren Verhältnis von einem scharfen
Kontrast geprägt ist. Als der Glockenschlag von Sankt Markus
zur gewohnten Zeit ausbleibt, interpretieren die Freunde des
Angeklagten diesen Sachverhalt als Beleg für Galileis Standfestigkeit. Überglücklich umarmen sie sich und rufen die „Geburts-
stunde" der „Zeit des Wissens" (S. 114) aus. Wenige Minuten
später jedoch verkünden die Glocken den Widerruf des Wissenschaftlers und verwandeln die hoffnungsfrohen Erwartungen
der Freunde in einen bloßen Wunschtraum. Brecht kontrastiert
die faktische Geschichte, Galileis Widerruf, mit ihrem gegen-
teiligen Verlauf. Für einige wenige Momente wird Galileis Widerstand in den Gedanken der Freunde Wirklichkeit. Der korri-
gierende Eingriff in die Realität eröffnet den Lesern / Zuschauern gedanklichen Raum, sich die Folgen dieser nicht genutzten
historischen Möglichkeit vorzustellen. Der tatsächliche Verlauf
der Ereignisse hingegen wird als Ergebnis einer bewussten Entscheidung Galileis verstehbar, für die er verantwortlich ist.

## 2 Charakterisierung der Hauptfiguren

Wie im Kapitel „Erzähltechnik – epische Elemente im *Galilei* "
(vgl. *Interpretationshilfe*, S. 59 ff.) dargelegt, werden die Figuren
in Brechts Stücken nicht länger wie im bürgerlichen Theater als
Einzelpersönlichkeiten, sondern als **repräsentative, gesellschaftlich geprägte Typen** angelegt. Der Autor setzt seine Figuren einem spannungsreichen gesellschaftlichen Kräftefeld aus,
in dem die Interessengegensätze zwischen den Vertretern der
alten und der neuen Zeit unmittelbar aufeinander prallen. Diese
rivalisierenden Kräfte wirken in die Individuen hinein. Das

Wechselspiel von Gesellschaftlichem und Individuellem prägt Handeln und Verhalten der Figuren. Demzufolge zielt eine Charakterisierung nicht darauf, einen vermeintlich „aus einem Guss" für alle Ewigkeit bestehenden Charakter, sondern den wechselvollen **Sozialcharakter** der Figuren herauszuarbeiten, d. h. den Umgang mit den anderen in den Blickpunkt zu stellen.

Vertreter der **alten Gesellschaftsordnung** sind die Kleriker, die die kirchliche Glaubenslehre als Fundament der politisch-sozialen Ordnung verteidigen, die Florentiner Hofgelehrten, die am geozentrischen Weltbild festhalten, sowie Virginia und ihr Verlobter Ludovico, der die ökonomischen Interessen des Landadels vertritt. Als **Wegbereiter gesellschaftlichen Wandels** können der Eisengießer Vanni, der Linsenschleifer Federzoni, Andrea Sarti, Sagredo sowie selbstverständlich Galileo Galilei und in eingeschränktem Maße auch der kleine Mönch gelten.

Figurenkonstellation

| Befürworter des | | Verteidiger des |
|---|---|---|
| Galileo Galilei<br>Federzoni<br>Vanni<br>Andrea Sarti<br>Sagredo | kleiner<br>Mönch<br><br>Kardinal<br>Barberini | Florentiner Hofgelehrte<br>Kirchenvertreter<br>Landadel (Ludovico)<br>Virginia |
| neuen Zeitalters | | alten Zeitalters |

Für die Charakterisierung ausgewählt wurden Personen mit zentraler Bedeutung, an denen das Hineinwirken des konfliktreichen gesellschaftlichen Kräftespiels am deutlichsten erkennbar wird.

### Galileo Galilei

Die Gestaltung der dramatischen Hauptfigur des Stückes basiert auf der **historischen Person** Galileo Galilei. Der italienische Mathematiker, Philosoph und Physiker gilt aufgrund der Einführung des quantitativen Experiments als Begründer der modernen Naturwissenschaft. Seine astronomischen Forschungen weisen die Theorie des heliozentri-

Galileo Galilei (1564–1642)

schen Planetensystems wissenschaftlich nach, die bereits zu Beginn des 16. Jahrhunderts von Nikolaus Kopernikus entwickelt worden war. Damit verhilft er der sogenannten kopernikanischen Wende in der Weltsicht, im menschlichen Selbstverständnis und in der Wissenschaftsgeschichte der beginnenden Neuzeit zum Durchbruch.

Galileo Galilei wird am 15. Februar 1564 in Pisa geboren; er entstammt einer verarmten Florentiner Patrizierfamilie. Der Vater Vincenzo, ein musisch gebildeter Tuchhändler, schickt den Sohn im Jahre 1580 zum Medizinstudium nach Pisa, das er vier Jahre später abbricht, um in Florenz ein Mathematikstudium aufzunehmen. 1589 erhält Galilei eine Stelle als Lektor für Mathematik an der Universität Pisa. Seine Untersuchungen der Pendelbewegung und der Fallgesetze widerlegen die von der damaligen Gelehrtenwelt vertretenen Behauptungen des Philosophen Aristoteles. Dank guter Fürsprecher wird Galilei 1592 auf den Lehrstuhl für Mathematik in Padua berufen. Mit dem von ihm nach niederländischem Vorbild konstruierten Fernrohr entdeckt er unter anderem die Phasen der Venus und die vier ersten Monde des Jupiter, die er in Anbetracht seines Wechsels an den Hof der Medicis die Mediceischen Gestirne nennt. All diese mit dem Fernrohr gemachten Beobachtungen, die er 1610 in der Zeitschrift *Sidereus Nuncius* veröffentlicht, tragen zur Durchsetzung des kopernikanischen Weltbildes bei. Im selben Jahr ernennt ihn der Großherzog und ehemalige Schüler Cosimo de Medici in Pisa zum Hofmathematiker ohne jede Lehrverpflichtung, was ihm Raum für die wissenschaftliche Forschung gewährt.

Als Galilei seine Vorstellungen von dem Verhältnis der Bibel zur Naturerkenntnis und zum heliozentrischen System öffentlich darlegt und daraus die Notwendigkeit einer Neuinterpretation der Bibel ableitet, kommt es zu einer ersten Auseinandersetzung mit der römisch-katholischen Kirche. 1616 erhält er eine Ermahnung, das kopernikanische Weltbild nicht als Tatsache zu verteidigen, sondern allenfalls als Modell zu diskutieren.

1624 reist Galilei nach Rom und wird wiederholt von Papst Urban empfangen, der ihn zu weiterem wissenschaftlichen Forschen ermutigt. Nach langen, immer wieder von Krankheit unterbrochenen Studien veröffentlicht Galilei 1632 seinen *Dialog über die zwei hauptsächlichen Weltsysteme*, in dem sich ein Anhänger des geozentrischen und ein Vertreter des heliozentrischen Weltbildes in einem gelehrten Disput gegenübertreten. An die Stelle der Wissenschaftssprache Latein setzt er die Volkssprache Italienisch.

Der Papst gewährt Galilei nicht länger seinen Schutz und im April 1633 wird der Wissenschaftler vor die Inquisition zitiert, vernommen und verurteilt. Galilei widerruft als treuer Katholik seinen „Irrtum", ohne den legendären Ausspruch „Und sie [die Erde] bewegt sich doch." getätigt zu haben, und stellt ein Gnadengesuch. Man verurteilt ihn zu unbefristetem Hausarrest in seiner Villa in Arcetri und verbietet ihm jegliche Lehrtätigkeit sowie weitere Veröffentlichungen. Auf seinem Landsitz verbringt er bei fortschreitendem Schwund des Augenlichts seine letzten Lebensjahre und verfasst in regem Austausch mit Freunden und Gelehrten die *Discorsi*, sein für den Fortgang der neuen Physik wichtigstes Werk.

Am 8. Januar 1642 stirbt Galilei in Arcetri bei Florenz. Erst 1992 wird der Wissenschaftler von der römisch-katholischen Kirche formal rehabilitiert.

**Brechts dramatische Galileifigur** in dem Bühnenstück *Leben des Galilei* kann nicht als Abbild des historischen Galilei verstanden werden, da die literarische Bearbeitung eines historischen Stoffes stets als ein Akt der Interpretation und der ästhetischen Gestaltung von Wirklichkeit begriffen werden muss. Nicht zuletzt die unterschiedlichen Fassungen des Dramas verdeutlichen, dass der Autor Bertolt Brecht Fragen der Gegenwart in die Geschichte projiziert und die Galileigestalt vor dem Hintergrund der Zündung der Atombomben über Hiroshima (6. 8. 1945) und Nagasaki (9. 8. 1945) in entscheidender Weise verändert hat (vgl. *Interpretationshilfe,* S. 10 ff.).

Brechts fiktiver Galilei ist eine mit einem komplexen Charakter ausgestattete, äußerst zwiespältige Figur, deren widersprüchliche Persönlichkeitsanteile den Bruch in der Gesellschaft spiegeln. Die Titelfigur wird als sinnesfroher, genussfreudiger Mensch eingeführt, der sich mit großer Leidenschaft seinen naturwissenschaftlichen Forschungen widmet. So wie leibliches Wohlbefinden und geistig-intellektuelle Erkenntnisfähigkeit des Wissenschaftlers einander bedingen („Bei gutem Essen fällt mir am meisten ein." S. 33), so beteuert er auch die große Bedeutung jeder wissenschaftlichen Theorie für die gesellschaftliche Praxis. Galilei durchschaut die gesellschaftlichen Hierarchien, die durch das auf der Kirchenlehre basierende geozentrische Weltbild gefestigt werden.

Er sieht zudem auf die sozialen Folgen seiner naturwissenschaftlichen Erkenntnisse, die Bewegung in die feudalistischen Gesellschaftsstrukturen bringen:

*Und die Erde rollt fröhlich um die Sonne, und die Fischweiber, Kaufleute, Fürsten und die Kardinäle und sogar der Papst rollen mit ihr.* (S. 12)

Diese Hellsicht Galileis ist jedoch mit Naivität gepaart, wenn es um die Einschätzung der Veränderbarkeit dieses gesellschaftlichen Kräftefeldes geht. Er begeht den Fehler, blind auf die menschliche Vernunft und die Überzeugungskraft sichtbarer Beweisführung zu vertrauen. Dadurch unterschätzt er die Widerstände von Adel und Klerus und bringt sich in Gefahr.

Auch Galileis anfänglich noch von Fortschrittsoptimismus getragene wissenschaftliche Grundsätze werden zusehends brüchig. Als er in die Kritik der klerikalen Obrigkeit gerät, hält er seine früheren Überzeugungen nicht aufrecht. Während er zu Beginn den Nutzen seiner Forschungen betonte („Dazu, daß man es begreift, arbeite ich und kaufe die teuren Bücher [...]" S. 13), weist er zu einem späteren Zeitpunkt, in Bedrängnis geraten, empört jegliche Verantwortung für die sozialen Folgen seiner Erkenntnisse ab und plädiert für den Typus des „reinen", aus allen gesellschaftlichen Bezügen herausgelösten Wissenschaftlers:

> Ich habe ein Buch geschrieben über die Mechanik des Universums, das ist alles. Was daraus gemacht oder nicht gemacht wird, geht mich nichts an. (S. 104)

Eine ähnliche Kluft tut sich auf zwischen Galileis Haltung im engsten Kreis der Familie und seinen vor der Welt demonstrierten Grundsätzen. Obwohl Galilei angeblich „Zugluft" und „Zweifel", also Umschwung, bringen will in die jahrtausendelang vom „Glauben" zum Stillstand verdammte Welt, womit er sich als gesellschaftlicher Erneuerer darstellt, reproduziert er im privaten Bereich in seiner Rolle als Familienvater traditionelle autoritäre Machtstrukturen. Wiederholt beschimpft er seine Tochter Virginia in grober Weise, indem er ihr jegliche Intelligenz abspricht und sie gezielt aus dem Kreis der Wissenden ausschließt:

> Virginia: *Hast du nichts Neues mehr am Himmel [...] gesehen?*
> Galilei: *Nichts für dich.* (S. 38)

Galilei betreibt eine Wissenschaft, die den tradierten patriarchalischen Strukturen verpflichtet ist, da sie die Frauen und das

Weibliche ausschließt. Er verstößt seine Tochter, indem er die leibliche Bindung zu ihr vernachlässigt. Stattdessen nimmt er Andrea Sarti aufgrund eines verschwörerischen Verbundenheitsgefühls als Sohn und Schüler an und weiht ihn in seine Erkenntnisse ein. Die Haushälterin Frau Sarti, die sich zu Virginias Anwältin macht und Galilei schwere Versäumnisse hinsichtlich seiner Vaterpflichten vorwirft („[D]u hast kein Recht, auf dem Glück deiner Tochter herumzutrampeln mit deinen großen Füßen!", S. 92), bleibt ungehört.

Spannungsreich ist vor allem die Vermengung heldenhafter und verleumderischer Anteile in der Persönlichkeit des Wissenschaftlers. Bereits zu Beginn des Stückes, als Galileis aufklärerischer Anspruch noch ungebrochen scheint, trüben unaufrichtig-strategische Manöver dieses hehre Bild. Er, der sich gegen ein elitäres Wissenschaftsverständnis, also für die Allgemeinverständlichkeit seiner Forschung ausspricht („Sollten wir nicht in der Umgangssprache fortfahren? Mein Kollege, Herr Federzoni, versteht Latein nicht.", S. 47), der das Wagnis der Pesterkrankung selbstlos auf sich nimmt, um seine Arbeiten voranzutreiben, gibt die in Holland getätigte Erfindung des Fernrohrs zwecks höherer Entlohnung schamlos als seine eigene aus. Zudem bezahlt er die materielle Besserstellung am Florentiner Hof mit dem Verlust des ehemals freien Forschens in der Republik Venedig. Als der von Folter bedrohte Galilei schließlich vor der Inquisition seine Lehren widerruft, wird er für seine Freunde, allen voran den Ziehsohn Andrea Sarti, zum Inbegriff des ehrlosen Verräters. Galilei wiederum relativiert diesen radikalen Vorwurf, indem er die körperliche Unversehrtheit als Grundrecht jeglicher menschlichen Existenz verteidigt und die ihm angetragene Rolle des Opferlammes von sich weist:

> Andrea: *Unglücklich das Land, das keine Helden hat!* [...]
> Galilei: *Nein. Unglücklich das Land, das Helden nötig hat.*
> (S. 115 f.)

In der Konzeption der Galileifigur ruft Brecht zunächst den klassischen Heldenmythos auf, um im Anschluss damit umso eindringlicher zu brechen. Die Aushöhlung der Figur des klassischen Helden führt es mit sich, dass Galilei dem Publikum als schillernde Gestalt entgegentritt; der Zuschauer wird stets neu aufgefordert, die eigene moralische Urteilsbildung zu überdenken.

| Moralische Integrität Galileis | Moralische Verfehlungen Galileis |
| --- | --- |
| **Bild 1** Galilei bildet Andrea Sarti, den mittellosen Sohn seiner Haushälterin, aus sozialem Engagement zum Wissenschaftler heran: „Ich will gerade, daß auch du es begreifst." (S. 13) Galilei versteht sich als Wegbereiter einer sozialrevolutionären Erneuerung der Gesellschaft: „Und die Erde rollt fröhlich um die Sonne, und die Fischweiber, Kaufleute, Fürsten und die Kardinäle und sogar der Papst rollen mit ihr." (S. 12) | **Bild 1** Galilei akzeptiert den gut bezahlten Unterricht mit dem uninteressierten Gutsbesitzersohn Ludovico und setzt die Arbeit mit Andrea Sarti aus: „Ich werde Sie in der Frühe drannehmen müssen. Es wird auf deine Kosten gehen, Andrea. Du fällst natürlich dann aus." (S. 17) |
| **Bild 3** Galilei kämpft gegen die Florentiner Hofgelehrten und die Kirchenobrigkeit: „Ich werde sie bei den Köpfen nehmen und sie vor das Rohr schleifen. [...] Auch sie erliegen der Verführung der Beweise." (S. 40) | **Bild 2** Galilei gibt fremdes geistiges Eigentum als eigenes aus, wenn er der Republik Venedig das Fernrohr als seine Erfindung ankündigt: „Mit tiefer Freude und aller schuldigen Demut kann ich Ihnen heute ein vollkommen neues Instrument vorführen und überreichen [...]." (S. 25) |
| **Bild 4** Galilei kämpft für Wahrheit und Erkenntnis: „Die Wahrheit ist das Kind der Zeit, nicht der Autorität." (S. 51) | **Bild 3** Galilei schließt seine eigene Tochter aus dem Kreis der Wissenden aus: *Virginia* „Darf ich durchschauen?" *Galilei* „Warum? [...] Es ist kein Spielzeug." (S. 38) |
| **Bild 5** Galilei setzt trotz Ausbruch der Pest seine Forschungen unerschrocken fort: „Ich kann diese Beobachtungen nicht im Stich lassen." (S. 55) | **Bild 9** Galilei zerstört Virginias Beziehung zu ihrem Verlobten Ludovico. (S. 36) |
| **Bild 11** Galilei bemüht sich um eine volksnahe Wissenschaft, die dem Wohl der arbeitenden Bevölkerung dient: „Ich könnte in der Sprache des Volkes schreiben, für die vielen, anstatt in Latein für die wenigen." (S. 94) | **Bild 11** Galilei übt Verrat an der aufstrebenden bürgerlichen Klasse und ihrem Repräsentanten Vanni: „Jeder Nächstbeste mit irgendeiner Beschwerde hierzulande wählt mich als seinen Wortführer [...]. Ich habe ein Buch geschrieben über die Mechanik des Universums, das ist alles." (S. 104) |
| **Bild 14** Galilei verfasst heimlich die *Discorsi*. | **Bild 13** Galilei widerruft vor der Inquisition. |

## Virginia

Virginia ist ihrem Vater in hingebungsvoller Liebe zugetan, auch wenn sie Galileis Begeisterung angesichts des sich ankündigenden neuen Zeitalters weder verstehen noch teilen kann. In tiefer Gläubigkeit gefangen, ist sie gleichzeitig Repräsentantin der alten Gesellschaftsordnung. Ihre uneingeschränkte Unterwerfung unter die kirchliche Lehre sowie ihr Vertrauen in einen Astronomen, dessen Horoskop-Erstellung sie bedingungslos glaubt, machen sie in Galileis Augen zu einer abergläubischen, dummen Person. Galileis Wissensdurst ist ihr gänzlich fremd, die emotionalen Bande an den Vater jedoch wecken in ihr den Wunsch, sich dieser ihr unbekannten Welt anzunähern. Wiederholt unternimmt Virginia Versuche, aus Zuneigung zu Galilei in dessen astrologische Forschungen Einblick zu gewinnen, wird jedoch stets rüde zurückgewiesen: „Es [das Fernrohr] ist kein Spielzeug." (S. 38) Die Anerkennung väterlicher Autorität verbietet es ihr, gegen diese abwertenden Ausgrenzungen aufzubegehren. Auch als Virginias Verlobter, der vermögende Ludovico Marsili, das Bündnis in Anbetracht von Galileis aufrührerischen Forschungen löst, fügt sich die junge Frau stumm in ihr Schicksal.

„VIRGINIA *atemlos:* Sie sind sehr gütig, Eminenz. Ich verstehe wirklich fast gar nichts von diesen Dingen." (S. 74)

Galileis Tochter Virginia (Christine Diensberg) vor dem Kardinal Inquisitor (Eberhard Peiker) in der *Galilei*-Inszenierung von Holger Schultze am Theater Augsburg 2005

Da Galilei Virginia jeglichen Zugang zu seiner Wissenssphäre verweigert und zudem ihr persönliches Glück seiner Wissenschaft opfert, treibt er seine Tochter nur noch stärker in die Arme der Kirche. Die Vater-Tochter-Beziehung spiegelt den Riss in der Gesellschaft wider, den selbst familiäre Bande nicht mildern können. Nach dem Widerruf Galileis bietet Virginia der Kirche ihre Dienste als Spitzel gegen den eigenen Vater an. Dieser Rollentausch, bei dem die Tochter den eigenen Vater überwacht, resultiert jedoch keineswegs aus einem verspäteten Rachebedürfnis, vielmehr will Virginia dem Vater in der Gefangenschaft Beistand leisten und ihn zur Anerkennung der kirchlichen Auflagen anhalten, gewissermaßen als Selbstschutz.

### Andrea Sarti

Obwohl als vaterloser Sohn einer Haushälterin aus einfachsten sozialen Verhältnissen stammend, reift Andrea Sarti unter dem Einfluss Galileis zu einem begabten Wissenschaftler heran. Die Ausbildung des jungen Sarti wird Galilei schließlich wichtiger als seine eigene Familie. So bleibt Andrea auch in Zeiten der Pestgefahr in Florenz treu an der Seite seines Mentors und glaubt wie kein anderer an die Standfestigkeit des zum Widerruf aufgeforderten Wissenschaftlers, „[d]a er niemals widerruft" (S. 111).

Andrea liebt jedoch in Galilei eher den außerordentlich wagemutigen Helden ohne Fehl und Tadel als den mit gewöhnlichen menschlichen Schwächen behafteten väterlichen Freund. Dies wird an seiner Reaktion auf Galileis Zurücknahme seiner wissenschaftlichen Erkenntnisse offenkundig. Während die Tochter Virginia inbrünstig hofft, ihr Vater möge um des Überlebens willen widerrufen („Sie betet, daß er widerrufen möge.", S. 112), kennt Andrea keinerlei Sorge um des Wissenschaftlers körperliches Wohlergehen. Nicht um den Menschen Galilei geht es ihm, sondern um dessen Fähigkeit, einem abstrakten Wahrheitsprinzip zum Durchbruch zu verhelfen. Da Galilei dieser Heldenrolle

nicht entspricht, reagiert Andrea mit schweren Vorwürfen
und bezichtigt den Wissenschaftler des Verrats.

Dass Galileis Aufbegehren
gegen die Unmenschlichkeit
der Märtyrerhaltung keinerlei
Reflexion bei Andrea in Gang
gesetzt hat, wird gegen Ende
des Stückes deutlich. Als der
junge Wissenschaftler Jahr-
zehnte später erfährt, dass Galilei in seiner Gefangenschaft
kontinuierlich an den *Discorsi*
weitergearbeitet hat, fällt er
unterschiedslos in die anfäng-
liche Idolbildung zurück. Dem
Extrem der Verwerfung Gali-

Juni 1957: Aufführung des Berliner Ensem-
bles in Moskau. Galileo (Ernst Busch) und
Andrea Sarti (Jochen Schneider)

leis folgt übergangslos sein Gegenpart, die Idealisierung des
Wissenschaftlers zum strategisch geschickten und moralisch unfehlbaren Helden.

Obwohl Andrea Sarti Galileis Forschungsergebnisse jenseits
der Grenzen bekannt macht und in gewisser Weise als Hoffnungsträger hinsichtlich einer gesellschaftlichen Erneuerung betrachtet werden kann, löst diese Figur sehr zwiespältige Gefühle
beim Leser / Zuschauer aus. Sartis Wissenschaftsverständnis, das
davon ausgeht, dass es lediglich „ein Gebot" gebe, „den wissenschaftlichen Beitrag" (S. 126), steht in tiefem Widerspruch zu
Galileis Vision im 14. Bild. Während Sarti Wissenschaft nur um
der Erkenntnis willen betreibt, entwickelt Galilei das Ideal des
moralisch verantwortungsvollen Naturwissenschaftlers, der,
analog zum hippokratischen Eid der Ärzteschaft, das Wissen
ausschließlich zum Wohle der Menschheit verwerten will.

**Der kleine Mönch Fulganzio**

Stärker wohl als alle anderen Figuren des Stückes ist der kleine Mönch widerstreitenden gesellschaftlichen Interessen ausgesetzt, die zu einem inneren Zwiespalt führen. Der Riss, der durch die Gesellschaft geht, reicht bis in die Person Fulganzios hinein, gehört er doch zwei unterschiedlichen Welten an. Einerseits ist er als gläubiger Mönch ein in der alten Gesellschaftsordnung verhafteter Repräsentant der Kirche, andererseits kann er als studierter Naturwissenschaftler die Richtigkeit der Galilei'schen Erkenntnisse beurteilen, die sozialen Wandel verheißen. Die Bezeichnung „kleiner Mönch" verweist zudem auf die Uneindeutigkeit seiner sozialen Stellung, denn zwar ist er Teil des politisch tonangebenden Klerus, nichtsdestotrotz jedoch Sohn besitzloser Bauern.

In seiner Rolle als Schnittpunkt zwischen zwei Welten kann Fulganzio als Hoffnungsträger betrachtet werden. Er befreit sich durch Vernunft aus weltanschaulichen Zwängen und beweist somit seine Wandlungsfähigkeit. Dank einer Unterredung mit Galilei (Bild 8) gelingt es dem kleinen Mönch nämlich, hinter die Fassade der klerikalen Obrigkeit zu schauen und deren zynische Korruptheit zu erkennen. Anfänglich verteidigt Fulganzio aus unreflektiertem Mitgefühl mit dem Leid der besitzlosen Campagnabauern die Weiterverbreitung des ptolemäischen Weltbildes. Erst unter Galileis Einfluss setzt ein kritischer Bewusstwerdungsprozess ein. Nachdem der kleine Mönch zunächst mit dem Ziel der Wahrung des „Seelenfrieden[s] Unglücklicher" (S. 79) an der Weiterverbreitung des kirchlichen Dogmas festgehalten hatte, belehrt ihn Galileis rational-aufklärerische Argumentation eines Besseren. Die gesellschaftliche Analysefähigkeit des Wissenschaftlers öffnet Fulganzio die Augen hinsichtlich der Ursachen der herrschenden sozialen Ungleichheiten. Er bekennt sich zu Galileis Vorstellung eines heliozentrischen Weltbilds und scheut den Konflikt mit der Kirche nicht.

Während sich Fulganzios Haltung im Verlauf des Stücks von einer Verklärung des wirtschaftlichen Elends aus falsch verstandenem sozialen Verantwortungsgefühl heraus zu einem gesellschaftskritisch-analytischen Standpunkt entwickelt, bleibt seine moralische Integrität durchgängig gewahrt. Denn im Gegensatz zur Kirche verteidigte er vor der Begegnung mit Galilei die Lehre vom geozentrischen Weltbild nicht zur Absicherung ständischer Privilegien, sondern zur Sinnstiftung für die Armen.

Der kleine Mönch verkörpert im Kontrast zu Galilei einen Wissenschaftlertypus, der sich seinen Mitmenschen stets verbunden weiß. Er wird nicht von einem absoluten Wissenstrieb beherrscht, sondern ist von einem sozial gebundenen Erkenntniswunsch getragen. Galileis Widerruf, der Fulganzio zutiefst enttäuscht in den Schoß der Kirche zurückkehren lässt, wiegt vor diesem Hintergrund besonders schwer. Jedoch kann auch angemerkt werden, dass der kleine Mönch der Orientierung an einem Vorbild bedarf, um seine kritische Haltung gegenüber der Kirche aufrechtzuerhalten. Fulganzio hätte somit Teil an dem von Andrea Sarti entwickelten problematischen Heldenmythos um die Person Galileo Galileis.

Der kleine Mönch (Guido Thurk) und Galilei (Stefan Rehberg). Westfälisches Landestheater 2007, Regie: Ralf Ebeling

**Vanni**

Der Eisengießer Vanni ist Sprachrohr jener aufstrebenden bürgerlichen Klasse, die das Ende der feudalen Epoche herbeiführen
will. Wiederholt sucht er die Nähe zu Galilei, da er in dem Naturwissenschaftler einen Verbündeten im Kampf für gesellschaftlichen Fortschritt zu erkennen glaubt. Obwohl der Eisengießer
nach eigenem Bekunden kaum über astronomische Kenntnisse
verfügt, weiß er um die von Galileis Lehre ausgehenden liberalen
Impulse. Er vertraut darauf, dass sie den gewünschten gesellschaftlichen Wandel beschleunigen. Vanni sichert Galilei im
Falle drohender Gefahr seitens der kirchlichen Obrigkeit die volle
Unterstützung seiner Geschäftsfreunde aus den oberitalienischen Städten zu. Somit bescheinigt er dem Wissenschaftler,
dass seine Forschungen für die bürgerliche Schicht von außer-
ordentlicher sozialer Bedeutsamkeit sind. In diesem Zusammenhang berichtet Vanni Galilei von dem, verglichen mit Italien,
weitaus fortschrittlicheren Ausland, wo Handels- und Gewerbe-
freiheit sowie medizinische und landwirtschaftliche Forschung
verwirklicht sind. Dass Vanni sich nicht ausschließlich für technische Erneuerungen und profitsteigernde Maßnahmen, sondern auch für bürgerliche Freiheitsrechte wie beispielsweise die
Informationsvielfalt einsetzt („Regelmäßig erscheinende Zeitun-
gen mit Nachrichten.", S. 103), wertet ihn zu einer Identifikationsfigur für die Zuschauer auf, die ihn als moralisch überzeu-
genden Vorreiter der gesellschaftlichen Entwicklung schätzen.

Vannis aus seinem Klassenbewusstsein resultierende kämpfe-
rische Haltung löst in Galilei jedoch kein positives Echo aus.
Anstatt mit Dankbarkeit und Freude reagiert der Wissenschaftler
unwirsch und zurückweisend auf die angebotene Hilfe. Vannis
hellsichtig geäußerte Warnungen verleugnet er und markiert
somit seine Distanz zu den weltanschaulichen Positionen des
Eisengießers. Während sich Vanni als zuverlässige, klassen-
bewusste Persönlichkeit erweist, welche den sich anzeigenden

gesellschaftlichen Fortschritt erfasst, scheut Galilei die Verantwortung für die soziale Bedeutung seiner Lehren und stellt sich blind angesichts der drohenden Gefahr. So kann er Vannis Unterstützungsangebot lediglich als vereinnahmende Geste begreifen, die er schroff zurückweist.

„Ich bin nicht ein Mann, der viel von den Bewegungen der Sterne weiß, aber für mich sind Sie der Mann, der für die Freiheit kämpft, neue Dinge lehren zu dürfen. [...] Ich stehe und falle mit Männern wie Sie, Herr Galilei." (S. 103)

Der Eisengießer Vanni (Frank-Peter Dettmann) und Galilei (Wolf-Dieter Kabler). Städtische Bühnen Münster 2004/2005

**Kardinal Barberini, später Papst Urban VIII.**
Wie der kleine Mönch gehört Barberini zweierlei Welten an: Als höchster katholischer Würdenträger Papst Urban VIII. befindet er sich im Zentrum der kirchlichen Macht, zugleich hat er als Mathematiker Zugang zu dem Bereich der Wissenschaften und weiß, dass das Modell des geozentrischen Weltbilds neuesten Erkenntnissen nicht länger standhält. Im Gegensatz zu Fulganzio hingegen erlebt er diesen Zustand nicht als quälenden Gewissenskonflikt, der nach einer moralisch vertretbaren Entscheidung verlangt, denn er stellt die gesellschaftlichen Rollenerwartungen an ihn als Papst zu keinem Zeitpunkt ernsthaft in Frage. Gleichermaßen gehalten wie gefangen in diesem sozialen Korsett, ist er gegen peinigende Zweifel und Selbstvorwürfe gefeit, in seiner persönlichen Entwicklungsfähigkeit jedoch begrenzt.

Als der Wissenschaftler Barberini seinem rückschrittlichen Vorgänger auf dem Heiligen Stuhl nachfolgt, ist Galilei hoffnungsfroh gestimmt. Auch der kleine Mönch äußert sich zuversichtlich, wenn er Papst Urban VIII. als „aufgeklärte[n] Mann" (S. 94) bezeichnet. Beide erliegen jedoch einer Täuschung, denn zwar will Barberini die Entfaltung der Wissenschaften während seiner Amtszeit gewahrt wissen, jedoch nur so lange, wie die Forschungsergebnisse das ideologische Fundament der Kirche nicht bedrohen. In einer Unterredung mit dem strategisch geschickten Inquisitor, in der dieser den Papst von der Schädlichkeit der Galilei'schen Lehren zu überzeugen sucht, zeigt sich Barberini anfänglich noch als liberaler Freund der Wissenschaften: „Ich lasse nicht die Rechentafel zerbrechen. Nein!" (S. 107) Der Papst weiß um die Sympathien, die Galilei im Ausland, beispielsweise in Versailles oder am Wiener Hof, genießt. Er fühlt sich nicht zuletzt aus Sorge um den guten Ruf der heiligen Kirche verpflichtet, Galilei, den „größte[n] Physiker dieser Zeit" (S. 109), zu schützen. Als der Inquisitor mit rhetorischer Raffinesse weiter in ihn dringt, willigt Barberini schließlich ein, Galilei mit Folterdrohungen zum Schweigen zu bringen.

Kritikwürdig ist zum einen die Tatsache, dass Barberini die Rolle des Amt- und Würdenträgers so stark verinnerlicht hat, dass ihm vernünftige Entscheidungsfindung nicht möglich ist. Zum anderen desillusioniert Barberinis Verrat an Galilei im besonderen Maße, da es sich bei den Überredungsversuchen des Inquisitors um ein rein taktisches Manöver handelt, das auf keinerlei weltanschauliche Überzeugung gegründet ist. So hat Barberini dem Inquisitor nichts entgegenzusetzen, als dieser aus wirtschaftlichen Interessen heraus den oberitalienischen Seestädten Galileis Sternkarten aushändigen, gleichermaßen aber dessen Lehren verdammen will.

## Sagredo

Mit der Figur Sagredo gestaltet Brecht einen Wissenschaftlertypus, dem der leidenschaftliche Forschungsdrang seines Freundes Galilei fern ist, da das Wissen um die gesellschaftliche Bri-
sanz naturwissenschaftlicher Entdeckungen seinen Willen zur
Erkenntnis zügelt. Auch wenn Sagredo sicherlich nicht als Im-
pulsgeber für innovative Forschung betrachtet werden kann, so
verfügt er doch über die Stärke, für das moralische Anliegen der
Wissenschaft als einen vom Menschen für den Menschen darge-
brachten Dienst einzustehen.

Sagredo selbst betreibt keine aktive Forschung, er lässt sich
jedoch von Galilei zum Blick durch das Fernrohr verleiten und
formuliert exakte wissenschaftliche Beobachtungen, auch wenn
er es zunächst vermeidet, daraus Schlussfolgerungen abzuleiten.
Seinen auf Galileis Frage formulierten abwehrenden Ausruf „Es
kann nicht sein." (S. 29) lediglich als Ausdruck einer konserva-
tiven Gesinnung zu verurteilen, die sich zugunsten des Erhalts
des Bestehenden vor neuen Erkenntnissen verschließt, griffe zu
kurz und würde der komplex angelegten Figur nicht gerecht, die
sich doch vor allem durch Besonnenheit, Menschlichkeit und
den Sinn für gesellschaftliche Realitäten auszeichnet.

Betrachtet man die Haltung Sagredos im 3. Bild näher, so zeigt
sich seine zunehmende Offenheit gegenüber den Entdeckungen
des Freundes. Mit der kurz darauf einsetzenden Frage „So wäre
kein Unterschied zwischen Mond und Erde?" (S. 30) signalisiert
er Galilei seine prinzipielle Bereitschaft, die Bedeutsamkeit der
wissenschaftlichen Beobachtungen zu würdigen. Wiederholt
versucht er, mäßigend auf den Erkenntnisdrang Galileis einzuwirken, der sich zu verselbstständigen droht, da Galilei wissenschaftliche Erkenntnis als von sozialen Bezügen losgelöste Disziplin begreift. Sagredos schrittweise erfolgende Anerkennung der
Forschungsergebnisse verweist darauf, dass wissenschaftliche
Erkenntnisse von den Menschen zunächst aufgenommen, verar-

beitet und in ihre Weltanschauung integriert werden müssen. Diese reflektierte, umsichtige Vorgehensweise steht in Kontrast zu Galileis rauschhaftem Erkenntnisdrang, der sich frei von jeglichen Einflüssen wähnt.

Es ist das große Verdienst Sagredos, in der Rolle des väterlichen Freundes mahnend auf Galilei einzuwirken, indem er ihm die weltanschaulichen Folgen einer veränderten kosmischen Ordnung vor Augen zu führen sucht. Sein bewegter Ausruf „Ich stehe nicht wie ein Stockfisch, sondern ich zittere, es könnte die Wahrheit sein" (S. 35) spiegelt Sagredos Furcht vor den sozialen Folgen der wissenschaftlichen Erkenntnisse sowie seine emotionale Anteilnahme an dem Schicksal des unerschrocken wirkenden Freundes. Mehrmals erinnert Sagredo Galilei an den Fall Giordano Bruno und stellt durch diesen warnenden Vergleich seine Fähigkeit unter Beweis, in gesellschaftlichen Zusammenhängen zu denken und aus der historischen Vergangenheit Lehren für die Zukunft zu ziehen. Die Bemühungen Sagredos, den Freund mit der Frage „Und wo ist dann Gott?" (S. 35) aufzurütteln und offenzulegen, dass es sich bei seinen Forschungen um einen gewagten Angriff auf die Machtposition der Kirche handelt, sind erfolglos. Auch seine Beteuerungen, dass Galilei vor allem „ein Mensch" (S. 35) sei, zielen darauf ab, den Wissenschaftler als ein in sozialen Bezügen verankertes Individuum zu begreifen, das sich dem gesellschaftlichen Kräftefeld seiner Epoche nicht zu entziehen vermag:

Sagredo: *Und wo ist also Gott?*

Galilei: *Bin ich Theologe? Ich bin Mathematiker.*

Sagredo: *Vor allem bist du ein Mensch.* (S. 35)

Auch wenn man Sagredos resignatives Menschenbild nicht vollends zu teilen vermag („Vierzig Jahre unter den Menschen haben mich ständig gelehrt, daß sie der Vernunft nicht zugänglich sind." S. 36), so ist seine Freundschaftsbekundung gegenüber Galilei doch hoffnungsstiftender Ausdruck menschlicher Empfindungsfähigkeit, da er – die emotionalen Härten der Konfrontation nicht scheuend – dem Freund eine beständige Zuneigung entgegenbringt: „Ich liebe die Wissenschaft, aber mehr dich, meinen Freund." (S. 41)

### Ludovico Marsili

Ludovico Marsili entstammt einer wohlhabenden aristokratischen Familie, die zahlreiche Weingüter in der Campagna besitzt. Nicht das Interesse an den Wissenschaften führt Ludovico zu dem Gelehrten Galilei, sondern das Prestigedenken seiner Mutter: Ihr Wille ist ausschlaggebend dafür, dass sich der Sohn „in den Wissenschaften umsehe" (S. 16). Ludovicos offenes Eingeständnis seines Desinteresses sowie die widerspruchslose Akzeptanz von Galileis überhöhtem Tarif zeigen eine gewisse Abgeklärtheit in zwischenmenschlichen Begegnungen: Weder hält er es für nötig, Motivation zu heucheln, um seinem Lehrer zu gefallen noch erwartet er von diesem ein Berufsethos, das ihn zur Unterweisung von Schülern aus reinem Idealismus veranlassen würde.

Taktisch klug durchschaut er Galileis Täuschungsmanöver, das Instrument des Fernrohrs als seine ureigene Erfindung auszugeben, jedoch verdeutlicht sein spöttischer Ausruf „Und ich glaube, ich fange an, etwas von Wissenschaft zu verstehen" (S. 28), dass er die wissenschaftliche Forschung alleinig auf ökonomische Interessen reduziert und Galileis Lust an der Erkenntnis sowie sein zumindest zu Beginn ausgeprägtes Ringen um gesellschaftliche Erneuerung nicht zu erfassen vermag.

Die Art und Weise, in der Ludovico die Beziehung zu seiner Verlobten Virginia gestaltet, zeigt ihn als Gutsbesitzersohn, dessen Denken, Handeln und Empfinden ausschließlich von den wirtschaftlichen und sozialen Interessen seiner Klasse bestimmt wird. Weder innige Liebe noch tiefe Zuneigung begründen sein Verhältnis zu Galileis Tochter, wenn er in schonungsloser Offenheit zu verstehen gibt, dass „Ehen in Familien wie der [seinen] […] nicht nur nach geschlechtlichen Gesichtspunkten geschlossen" (S. 91) werden. Die emotionalen Bande zu Virginia berühren in keiner Weise sein Klassenbewusstsein, wenn er es seinem zukünftigen Schwiegervater abverlangt, auf den Nachweis des kopernikanischen Weltbildes zu verzichten, um die gesellschaftliche Ordnung nicht zu gefährden. All seine Bestrebungen sind darauf ausgerichtet, die aristokratische Familientradition fortzuführen und gesellschaftlichem Wandel entgegenzuwirken, der die Privilegien seiner Klasse schmälern könnte.

Wie der kleine Mönch im 8. Bild, so verweist auch Ludovico auf das entbehrungsreiche Leben der Campagnabauern, die durch Galileis Lehren zusätzlich verstört würden. Die Ähnlichkeit dieser Schilderungen ist jedoch nur vordergründig, denn während aus den Worten Fulganzios tiefes Mitleid und persönliche Betroffenheit in Anbetracht des Leids der Landbewohner sprechen, sind Ludovicos Äußerungen menschenverachtend. Er würdigt die Bauern als „wirkliche Tiere" (S. 93) herab und rechtfertigt die gewaltvollen Ausbeutungsmechanismen seiner Familie in zynischer Verkehrung von Tätern und Opfern, wenn er die aggressiven Unterwerfungsrituale der Mutter als Zwang beschreibt und die brutale Auslöschung jeglichen sozialen Protests mit dem Erwerb hehrer Tugenden verklärt: „Wenn sie aufs Gut kommen, sich über eine Kleinigkeit zu beschweren, ist die Mutter gezwungen, vor ihren Augen einen Hund auspeitschen zu lassen, das allein kann sie an Zucht und Ordnung und Höflichkeit erinnern." (S. 93)

Dieselbe emotionale Kälte zeigt Ludovico auch in privaten Beziehungen, wenn er nach dem erfolglosen Erpressungsversuch gegenüber Galilei seine Verlobung mit dessen Tochter auflöst, ohne das offene Gespräch mit Virginia zu suchen.

**Federzoni**

Der Linsenschleifer Federzoni steht stellvertretend für die in der alten Ordnung sozial niedrig gestellte Klasse der Handwerker, die sich von Galileis bahnbrechenden wissenschaftlichen Entdeckungen einen gesellschaftlichen Aufstieg verspricht. Wenn auch zunächst auf die handwerkliche Ebene beschränkt, so betätigt sich Federzoni doch von Beginn an für das Fortkommen der Wissenschaft. Galilei bescheinigt ihm und seinesgleichen praktische Intelligenz, Erkenntniswille und Mut zur gesellschaftlichen Veränderung, selbst wenn es ihnen an Bildung mangele:

> *Diese Leute haben mich manchen neuen Weg gelehrt. Unbelesen verlassen sie sich auf das Zeugnis ihrer fünf Sinne, furchtlos zumeist, wohin dies Zeugnis sie führen wird* ... (S. 52)

Dieses Zitat verdeutlicht darüber hinaus, dass die alten sozialen Hierarchien außer Kraft gesetzt werden, wenn der renommierte Gelehrte seinen ihm untergebenen Instrumentenmacher als Lehrmeister wertschätzt. An anderer Stelle würdigen Galilei und Andrea Federzoni als „Kollege[n]" und „Gelehrte[n]" (S. 47), was obige Einschätzung nachhaltig verstärkt.

Der Linsenschleifer begnügt sich nicht mit dieser wohlmeinenden Anerkennung, vielmehr entwickelt er als aktiv tätiges Individuum Eigeninitiative, indem er kritische Forderungen an die Hofgelehrten und Wissenschaftler heranträgt. Selbstbewusst verlangt er von den Gelehrten neue Schulbücher und ermahnt sie, ihrer Aufgabe als Wegbereiter neuer Erkenntnisse gerecht zu werden: „Ihr als die Lehrer solltet das Erschüttern besorgen." (S. 51)

Hellsichtig und klug erkennt er den Zusammenhang zwischen kosmischer und gesellschaftlicher Ordnung, wenn er dem Gutsbesitzersohn Ludovico beziehungsweise den adligen Kreisen insgesamt in spöttischen Worten vorwirft, sie würden der Erde das Stillstehen befehlen, „damit ihre Schlösser nicht herunterpurzeln" (S. 94).

Wolf-Dieter Kabler (Galileo Galilei), Wendelin Starcke-Brauer (Federzoni), Sebastian Knözinger (Andrea Sarti) und Ilja Harjes (kleiner Mönch) in der *Galilei*-Inszenierung an den Städtischen Bühnen Münster 2004 / 2005

Das größte Verdienst kommt Federzoni jedoch zu, wenn er für die Volksnähe der Wissenschaften plädiert und den Gelehrten Praxisferne, Spezialistentum und elitären Dünkel vorhält. „Im Zorn" (S. 85) macht er die Wissenschaftler auf das in der Gesellschaft bestehende Bildungsgefälle aufmerksam, das die arbeitende Bevölkerung in Ermangelung lateinischer Sprachkenntnisse am Zugang zu den Wissenschaften hindere. Galileis Vorhaben, „in der Sprache des Volkes [zu] schreiben, für die vielen, anstatt in Latein für die wenigen" (S. 94), ist vor allem den kritischen Impulsen Federzonis zu verdanken, der in aller Deutlichkeit darauf hinweist, dass sich die Aufgabe der Wissenschaftler nicht auf die Erarbeitung neuer Lehren beschränken dürfe, sondern das Problem der Vermittlung zwischen Wissenschaft und Gesamtgesellschaft aktiv und engagiert wahrgenommen werden müsse.

Federzoni setzt hohe Erwartungen in Galileis Standfestigkeit; seine Mutmaßungen, dass im Falle eines Widerrufs des Gelehrten „es am Morgen wieder Nacht würde" (S. 114), zeigen auf, welch niederschmetternde Wirkung für ihn die Rückkehr zur alten Ordnung entfaltet. Anders als Andrea, der Galilei nach der Zurücknahme seiner Erkenntnisse in rüden Worten seine tiefe Verachtung entgegenschleudert, scheint Federzoni gefasst und versucht, mäßigend auf Galileis Ziehsohn einzuwirken: „Beruhige dich." (S. 115) Bereits zuvor hatte Federzoni die für den Widerruf des Vaters betende Virginia gegen Sartis Angriffe verteidigt und mit dieser schützenden Geste Verständnis und Menschlichkeit unter Beweis gestellt.

Dass es danach zwischen dem Gelehrten und seinem Linsenschleifer zu keiner direkten Begegnung mehr kommt, verweist auf den radikalen Bruch, den Galileis Widerruf zwischen der sozialen Klasse des Handwerks und den Wissenschaften ausgelöst hat. Federzoni ist im faktischen wie im übertragenen Sinne sprachlos geworden, er tritt im weiteren Verlauf des Stückes nicht mehr aktiv in Erscheinung, sondern findet lediglich als Objekt in Andrea Sartis Bericht Erwähnung: Der Linsenschleifer betätige sich wieder „in irgendeinem Mailänder Laden" (S. 122). Diese vage Formulierung verdeutlicht die gesellschaftliche Bedeutungslosigkeit, in die der zuvor selbstbewusst agierende Vertreter einer aufstrebenden Klasse zurückgefallen ist.

## 3   Motive und zentrale Aspekte

Brecht verwendet in seinem *Galilei* leitmotivartig bestimmte Bilder bzw. Aspekte, welche den gesamten Handlungsstrang durchziehen und somit den thematischen Kern des Dramas ausmachen.

An erster Stelle wäre hier das **Motiv des Sehens** zu nennen, dem der Autor vielfältige Bedeutungsschichten unterlegt.

Die Verteidiger des alten Weltbildes, allen voran die Kirchengelehrten, praktizieren eine Sehweise, die sich von den beobachtbaren Phänomenen weg ausschließlich auf die Heilige Schrift richtet. Diese Versenkung des Blicks in die biblische Lehre führt zu einer geistigen Unbeweglichkeit, die sich neuen Erkenntnissen verschließt. Die eingeschränkte Erkenntnisfähigkeit, die aus der freiwilligen Beschränkung auf das geschriebene Wort resultiert, ist mit einer beruhigenden Gewissheit gepaart: Die Gläubigen fühlen das Auge Gottes auf sich ruhen, ihr Schicksal ist in göttlicher Hand.

Galileis Bemühen, die Welt durch rationale Beweisführung von der Richtigkeit der kosmischen Ordnung des Kopernikus zu überzeugen, ist mit einer ganz andere Art des Sehens verknüpft. Wenn er seinen Schüler Andrea Sarti mit den Worten „Du siehst gar nichts. Du glotzt nur. Glotzen ist nicht sehen" (S. 13) anfährt, so verweist er auf einen Aspekt des Sehens, der über das registrierende Wahrnehmen hinaus geht. Galilei spricht sich für ein vernünftiges Sehen aus, das die visuellen Beobachtungen mit einer logisch nachvollziehbaren Erklärung verbindet. So fordert er den jungen Sarti im 1. Bild auf, die mithilfe eines Stuhles, eines Apfels und eines Holzsplitters durchgeführten wissenschaftlichen Experimente zu beschreiben und auf die Bewegungen der Gestirne zu beziehen.

„Alle Welt sagt: ja, das steht in den Büchern, aber laßt uns jetzt selbst sehn." (S. 11) „Schau genau hin!" (S. 15)

Galilei und sein Schüler in Holger Schultzes *Galilei*-Inszenierung am Theater Augsburg 2005

Wenn Galilei die gesellschaftlichen Folgen benennt, die der Übergang vom geo- zum heliozentrischen Weltbild nach sich zieht, so verweist er darüber hinaus auf die soziale Bedeutung des Sehens. Diese Fähigkeit, in gesellschaftlichen Zusammenhängen zu denken, verliert der Wissenschaftler jedoch im Verlauf des Stückes immer mehr. In blindem Vertrauen auf die menschliche Vernunft versichert Galilei seinem Freund Sagredo, dass er im Gegensatz zu Giordano Bruno die Welt von der kopernikanischen Lehre zu überzeugen vermag. Dank der sichtbaren Beweisführung mithilfe des Fernrohrs will er die Mönche „bei den Köpfen nehmen und sie zwingen, durch dieses Rohr zu schauen" (S. 40). Der wissenschaftliche Ehrgeiz hat so sehr von Galilei Besitz ergriffen, dass er seinen Einfluss überschätzt. Das Wissen um die Positionsgebundenheit des Sehens, die Einsicht also, dass die Perspektive des Betrachters eine bestimmte Erkenntnis ermöglicht, andere Wahrnehmungsformen aber zugleich ausschließt, verliert er aus dem Blick. Diese Verblendung führt zur Fehleinschätzung des gesellschaftlichen Kräftefeldes, die der Physiker erst ganz am Ende des Stückes wieder korrigieren kann.

| Merkmale des ALTEN Zeitalters | Merkmale des NEUEN Zeitalters |
|---|---|
| **Geozentrisches Weltbild**<br>• Mittelpunktstellung der Erde<br>• Stillstand | **Heliozentrisches Weltbild**<br>• Erde dreht sich um die Sonne<br>• Bewegung |
| **Tradition**<br>• Autoritäten (Aristoteles, Kirchenobrigkeit)<br>• unhinterfragte Wahrheiten<br>• gesellschaftliche Hierarchien und Zwänge | **Vernunft**<br>• exakte Beobachtung, Beweisführung durch Experiment<br>• Lust am Erkenntnisgewinn<br>• Überwindung sozialer Klassen, Freiheit |
| **Glaube**<br>• Wissenschaftssprache Latein<br>• Wissenschaft ist Privileg der Gelehrten und abhängig von der Kirche | **Zweifel**<br>• Wissenschaftssprache Italienisch<br>• Volksnähe der Wissenschaft<br>• Freie Wissenschaft |
| **→ Bewahrung der bestehenden Ordnung, da gottgewollt** | **→ Gesellschaftlicher Wandel / Fortschritt zum Wohle des Menschen** |

Brecht fasst das Motiv des Sehens in der Schlussszene in einer paradoxen Art und Weise: Er verleiht dem mittlerweile fast erblindeten Galilei visionäre Fähigkeiten, um auf das Zusammenspiel zwischen innerer gedanklicher Ahnung und äußerlich sichtbarer Wahrnehmung zu verweisen. Seine Rede vom „universalen Entsetzensschrei" (S. 128) erweist sich als überaus hellsichtig, da sie zukünftige Entwicklungen vorwegnimmt und Alternativen aufzeigt.

Eng verknüpft mit dem Motiv des Sehens ist die **Bedeutung des Fernrohrs** als Hilfsmittel wissenschaftlicher Erkenntnis. Von Ludovico über die in Holland getätigte Erfindung des Fernrohrs unterrichtet, überreicht Galilei kurz darauf Venedig feierlich das als „vollkommen neu" (S. 25) ausgegebene Instrument. Diese betrügerische Handlung sichert dem Wissenschaftler den lebensnotwendigen Lohn und verweist darauf, dass auch die wissenschaftliche Forschertätigkeit den Gesetzen des Marktes unterworfen ist: „Skudi wert ist nur, was Skudi bringt." (S. 20) Die 500 Skudi erhält der Gelehrte ausschließlich deshalb, weil das Fernrohr die Herrschaftsinteressen bedient:

*Und ist es Ihnen beigefallen, daß wir vermittels dieses Instruments im Kriege die Schiffe des Feinds nach Zahl und Art volle zwei Stunden früher erkennen werden als er die unsern, so daß wir, seine Stärke wissend, uns zur Verfolgung, zum Kampf oder zur Flucht zu entscheiden vermögen? (S. 26)*

Losgelöst von seinem Erfinder, nimmt das Fernrohr Warencharakter an und kann selbst für militärische Zwecke missbraucht werden. Galilei hingegen nutzt das Werkzeug in moralisch vertretbarer Weise für seine astronomischen Beobachtungen. Es gelingt ihm somit erstmals, seine Forschungshypothesen vom heliozentrischen Weltbild empirisch zu beweisen.

Die Bedeutsamkeit der sozialen Verankerung der Wissenschaften verdichtet sich in dem **Motiv der Milch**, das oftmals in Kontrast zum **Motiv des Buchs** verwendet wird. Der Auftakt des Dramas „Stell die Milch auf den Tisch, aber klapp kein Buch zu" (S. 9) kann als Lebensmotto des Gelehrten verstanden werden, das er in dieser Szene seinem Schüler Andrea vermittelt. Die Milch als Inbegriff materieller Lebensgrundlagen und sinnlichen Genusses soll ihren berechtigten Platz neben dem geschriebenen Wort finden. Das Buch vergegenständlicht in diesem Zusammenhang die Geistestätigkeit des Wissenschaftlers, deren Voraussetzung körperliches Wohlergehen ist. Dass Brecht es zur Aufgabe der lebenstüchtigen Frau Sarti erklärt, den Wissenschaftler wiederholt an die Bezahlung des Milchmanns zu erinnern, unterstreicht die Aussage von der Einheit zwischen Körper und Geist. Frau Sarti beugt mit ihren Ermahnungen einer Vergeistigung des Gelehrten vor und holt ihn ins Leben zurück.

Wenn Galilei in seinem großen Schlussmonolog vom Wissenschaftler fordert, gleichermaßen den „Kampf der römischen Hausfrau um Milch" wie den „Kampf um die Meßbarkeit des Himmels" zu führen, weil die Wissenschaft „mit beiden Kämpfen zu tun" (S. 127) hat, so verweist er in aller Deutlichkeit auf den sozialen Auftrag des Forschers.

In der letzten Szene führt Brecht in der Figur Andrea Sartis die Motivkreise Milch und Buch noch einmal zusammen. Beladen mit einem Gefäß Milch und einer Kiste voller Bücher, darunter das Manuskript Galileis, passiert Sarti unbehelligt die Grenze. Die Entscheidung des jungen Wissenschaftlers, den gefüllten Krug einer Alten zu überlassen und lediglich mit den *Discorsi* weiterzuziehen, löst zwiespältige Empfindungen aus. Positiv gewendet, kann Sartis Geste als einfühlsame Unterstützung materiell Bedürftiger verstanden werden. Kritische Bedenken stellen sich jedoch deshalb ein, weil er Milch und Buch trennt und somit die von seinem Lehrer geforderte Einheit von sozialer und geistiger Tätigkeit erneut aufzukündigen droht.

Wissenschaftsverständnis im Drama „Leben des Galilei"

| Sagredo | Der kleine Mönch |
|---|---|
| • Wissenschaftliche Erkenntnis ist nur in dem ihr gesetzten historischen Rahmen möglich: „Wie kannst du [Galilei] aus der Republik gehen wollen, die Wahrheit in der Tasche, in die Fallen der Fürsten und Mönche mit deinem Rohr in der Hand?" (S. 40)<br><br>• Wissenschaft darf den Forscher nicht gefährden: „Ich liebe die Wissenschaft, aber mehr dich, meinen Freund." (S. 41)<br><br>**Leitvorstellung:** Die körperliche Unversehrtheit des Forschers ist dem Fortkommen der Wissenschaften übergeordnet; die Wissenschaft muss sich auf den ihr von der Gesellschaft gesetzten Rahmen beschränken | • Einerseits muss die Wissenschaft das Sicherheits- und Ordnungsgefühl der arbeitenden Bevölkerung wahren: „Es sind die allerhöchsten Beweggründe, die uns schweigen machen müssen, es ist der Seelenfrieden Unglücklicher!" (S. 79)<br><br>• Andererseits gibt es im Menschen einen Willen zum Wissen: *Der kleine Mönch:* „Diesen Satz verstehe ich nicht." *Galilei:* „Ich erkläre ihn dir, ich erkläre ihn dir." (S. 81)<br><br>**Leitvorstellung:** Ringen um eine Wissenschaft im Einklang mit Gott („Gott wird die Physik erlauben." S. 92) |
| **Andrea Sarti** | **Galilei** |
| • Gebot der reinen Wissenschaft: „Die Wissenschaft kennt nur ein Gebot: den wissenschaftlichen Beitrag." (S. 126)<br><br>• Die Wissenschaft ist aus sozialen Bezügen herausgelöst: „Menschliche Schwächen gehen die Wissenschaft nichts an." (S. 126)<br><br>**Leitvorstellung:** Erkenntnisfortschritt ist alleiniges Ziel der wertfreien Wissenschaft | Doppelte Bestimmung der Wissenschaft:<br><br>• Einerseits humane Verpflichtung und soziale Verantwortung: „Ich halte dafür, daß das einzige Ziel der Wissenschaft darin besteht, die Mühseligkeit der menschlichen Existenz zu erleichtern." (S. 127)<br><br>• Andererseits ringt die Wissenschaft um überprüfbare Erkenntnisse: „Der Kampf um die Meßbarkeit des Himmels ist gewonnen durch Zweifel […]" (S. 127)<br><br>**Leitvorstellung:** Wissenschaftliche Erkenntnis soll das Wohl der Menschheit befördern (Hippokratischer Eid des Wissenschaftlers) |

## 4 Brechts Konzeption des epischen Theaters

Brechts **episches Theater**, auch **politisches Lehrtheater** genannt, fand und findet zu Recht Anerkennung als einflussreicher Beitrag zur politisch engagierten Kunst des 20. Jahrhunderts. Die dramentheoretischen Schriften des Autors sind geprägt von seiner Auseinandersetzung mit der **marxistischen Geschichtsauffassung**, die die Geschichte als fortdauernden Klassenkampf hin zu einer klassenlosen Gesellschaft interpretiert.

Brecht entwickelt seine Überlegungen zum epischen Theater in scharfer Abgrenzung von der in der Nachfolge des Aristoteles stehenden bürgerlichen Theatertheorie. Der griechische Philosoph **Aristoteles** (384–322 v. Chr.) gilt neben Sokrates und Platon als Begründer der klassischen philosophischen Tradition des Abendlandes. In seinem poetologischen Text *Poetik* entwickelt Aristoteles eine Dramentheorie, die die Herausbildung der neuzeitlichen Dichtungstheorie entscheidend prägte, zu vielfältigen Interpretationen nachfolgender Dichtergenerationen Anlass gab und als verbindliches Regelwerk zu Wirkungsweise und Bauprinzipien des Dramas Geltung gewann. Folgende Aspekte der aristotelischen Poetik wurden in der dramentheoretischen Diskussion immer wieder neu aufgegriffen und erörtert:

a) Die aristotelische Wirkungsästhetik der Tragödie zielt auf eine **Identifikation** der Zuschauer mit dem tragischen Helden. Mittels Einfühlung in das Bühnengeschehen sollen im Betrachter seelische und körperliche Reaktionen ausgelöst werden, die ihn von Affekten wie Mitleid (griechisch *éleos,* auch Jammer übersetzt) und Furcht (griechisch *phóbos,* auch Schauder übersetzt) befreien. Diese reinigende Wirkung der Dramenhandlung auf das Publikum wird mit dem Begriff **Katharsis** gefasst.

b) Die **drei Einheiten** regeln die Ausdehnung und den Aufbau der dramatischen Handlung: Die Einheit des **Ortes** bedeutet, dass sich der Schauplatz der Dramenhandlung nicht ändert.

Die Einheit der **Handlung** beinhaltet die Konzentration auf die Haupthandlung und den Verzicht auf Episoden oder Nebenhandlungen, die mit dem Hauptgeschehen nicht in Verbindung stehen. Die Einheit der **Zeit** verlangt die Übereinstimmung der Spielzeit mit der gespielten Zeit oder zumindest eine Beschränkung auf die maximale Dauer von 24 Stunden.

c) Die **Charaktere** des Dramas sind vorzugsweise **erhabene Personen der höfisch-aristokratischen Welt**, an denen die tragische **Fallhöhe** (je höher der soziale Rang des tragischen Helden, desto tiefer empfindet das Publikum seinen Fall) besonders wirkungsvoll erfahrbar wird.

Brecht stellt in seinem 1935/1936 entstandenen Essay *Vergnügungstheater oder Lehrtheater?* [4] die Funktionen des dramatischen (aristotelischen) und des epischen Theaters gegenüber:

| Dramatische Form | Epische Form |
|---|---|
| Die Bühne „verkörpert" einen Vorgang | Sie erzählt ihn |
| Verwickelt den Zuschauer in eine Aktion | Weckt seine Aktivität |
| Verbraucht seine Aktivität | Macht ihn zum Betrachter |
| Ermöglicht ihm Gefühle | Erzwingt von ihm Entscheidungen |
| Vermittelt ihm Erlebnisse | Vermittelt ihm Erkenntnisse |
| Der Zuschauer wird in eine Handlung hineinversetzt | Er wird ihr gegenübergesetzt |
| Es wird mit Suggestion gearbeitet | Es wird mit Argumenten gearbeitet |
| Die Empfindungen werden konserviert | Bis zu Erkenntnissen getrieben |
| Der Mensch wird als bekannt vorausgesetzt | Der Mensch ist Gegenstand der Untersuchung |
| Der unveränderliche Mensch | Der veränderliche und verändernde Mensch |
| Die Geschehnisse verlaufen linear | in Kurven |
| Natura non facit saltus (stetige, stufenweise Entwicklung in der Natur) | facit saltus (sprunghafte Entwicklung des Geschehens) |
| Die Welt, wie sie ist | Die Welt, wie sie wird |
| Was der Mensch tun soll | Was der Mensch tun kann |
| Seine Triebe | Seine Beweggründe |

Brecht bildet mit seiner Konzeption des epischen Dramas den Anfangspunkt des modernen Theaters. Seine Kritik an der aristotelischen Dramatik entzündet sich an der auf Identifikation zielenden Katharsislehre; er fordert im Gegenzug den distanzierten Blick des Zuschauers auf das Bühnengeschehen. Brecht lehnt die Einfühlung des Publikums in das Handlungsgeschehen ab, weil sich die Energie der Zuschauer im Mitgefühl verbrauche. Der aufmerksam beobachtende Blick sowie die prinzipiell vorhandene kritische Urteilsfähigkeit der Theaterbesucher gingen dabei verloren. Der Mensch des 20. Jahrhunderts gilt Brecht als ein mit Vernunft ausgestattetes, zur aktiven Veränderung befähigtes Subjekt, dessen Handlungsspielräume an die politischen und ökonomischen Rahmenbedingungen gebunden sind. Infolgedessen erachtet es der Dramatiker als seine Aufgabe, den Zuschauer zur Einsicht in die Gesetze des menschlichen Zusammenlebens sowie zu einer Gesellschaftskritik zu befähigen.

Der Begriff episches Theater verweist auf die Nähe zur epischen/erzählenden Dichtung, in der die Geschehnisse aus der Perspektive eines Erzählers kommentiert und präsentiert werden. Diese reflexive Ebene vermag darauf hinzuweisen, dass in der Kunst die vorgefundene Wirklichkeit nicht auf gleichsam naturgetreue Weise abgebildet, sondern gestaltet wird. Brechts Hauptanliegen ist es, den Zuschauern durch stilistische Mittel den **Demonstrationscharakter des Bühnengeschehens** ins Bewusstsein zu rufen.

Zur Umsetzung dieser an den kritischen Realitätssinn des Publikums appellierenden Wirkungsabsicht entwickelt Brecht das Stilmittel der **Verfremdung**, kurz **V-Effekt** genannt. Diesem künstlerischen Element kommt insofern eine erkenntnisfördernde Bedeutung zu, als es dazu beiträgt, die Konzentration der Zuschauer vom **Was** des Geschehens auf das **Wie** des Geschehens zu verlagern. Nicht das distanzlose Eintauchen in den Fluss der Handlung, sondern eine emotional zurückgenommene

Zuschauerhaltung soll gefördert werden. Herausgerissen aus seiner passiven Rolle, wird der Zuschauer angeregt zur kritischen Urteilsfindung und prüfenden (Selbst-)Betrachtung. Als Verfremdungselemente gelten beispielsweise Unterbrechungen des Handlungsverlaufs durch kommentierende Songs, Chöre, Plakate, Schrifttafeln und Spruchbänder sowie Kommentare.

Zentraler Aspekt der Verfremdung ist die **Historisierung** der Gegenwart, durch die die Zuschauer in ein distanziertes Verhältnis zu ihrer vertrauten Umgebung versetzt werden sollen. Somit können gesellschaftliche Vorgänge ihrer Natürlichkeit entkleidet und als prinzipiell veränderbar erfahren werden. Brecht schreibt den V-Effekten kämpferischen Charakter zu und macht somit seinen Wunsch nach Belehrung des Publikums hinsichtlich einer Bewusstseins- und Verhaltensänderung deutlich.

Ein „brauchbares Handwerkszeug" für die Beschreibung von Dramentexten und somit auch für die Erschließung des Dramas *Leben des Galilei* hat der Dramaturg, Theaterkritiker und Professor für Literaturwissenschaft **Volker Klotz** in den 60er-Jahren vorgelegt. In seiner Studie zu neueren europäischen Dramenformen[5], die breite Anerkennung in der Literaturwissenschaft fand, entwickelt er Untersuchungskategorien zur Beschreibung von dramatischen Konstruktionen. Er unterscheidet zwei Formtendenzen der Dramatik: die **geschlossene** und die **offene** Form. Brechts Bühnenstücke dienen dem Literaturwissenschaftler neben Werken von Lenz, Büchner, Grabbe und Wedekind als exemplarisches Material, um die Stiltendenzen des **offenen Dramas** zu bestimmen, wohingegen Werke von Racine, Goethe und Schiller zur Merkmalsbestimmung der geschlossenen Dramenform herangezogen werden. Klotz geht davon aus, dass die Bearbeitung des dramatischen Stoffes in geschlossener beziehungsweise offener Form einer bestimmten Weltsicht entspricht, einer bestimmten Art und Weise, sich sprachlich und gestalterisch auf

| VOLKER KLOTZ | geschlossenes Drama | offenes Drama | Bertolt Brecht, *Leben des Galilei* |
|---|---|---|---|
| **Handlung** | einheitliche Haupthandlung, die linear verläuft und kontinuierlich durchgeführt wird | mehrere parallele Handlungen; Brüche in der Handlungsabfolge; relative Autonomie einzelner Szenen | Haupthandlung um die Galileifigur wird zwar chronologisch erzählt, enthält jedoch viele Brüche; Autonomie einzelner Bilder (z. B. Bild 14: Wissenschaftsverständnis Galileis und Andrea Sartis im Kontrast) |
| **Zeit** | Einheit der Zeit; kurze Zeitspanne ohne Sprünge | ausgedehnte Zeiterstreckung mit Sprüngen | Zeiterstreckung über 28 Jahre (1609–1637); Zeitsprünge (z. B. liegen acht Jahre zwischen Bild 8 und Bild 9) |
| **Raum** | Einheit des Ortes | Wechsel der Schauplätze | vielfältige Schauplatzwechsel (Padua, Venedig, Florenz, Rom, Arcetri) |
| **Personen** | überschaubare Zahl von Personen hohen Standes | großer Personenkreis, der keinerlei sozialen oder ständischen Beschränkungen unterliegt | Personen repräsentieren die unterschiedlichen gesellschaftlichen Klassen und verweisen auf die Spannungen im sozialen Gefüge |
| **Komposition** | Einteilung in Akte, denen die Szenen untergeordnet werden; symmetrisches Konstruktionsprinzip; Komposition vom Ganzen aus, dem die Einzelteile untergeordnet sind | Autonomie der Szene; Wiederholung, Variation und Kontrast sind Konstruktionsprinzipien; Komposition vom Einzelteil aus aufs Ganze | Einteilung in 15 lose verknüpfte Bilder; Konstruktionsprinzipien Parallele und Kontrast (vgl. *Interpretationshilfe*, S. 24) |
| **Sprache** | einheitliche Sprache des hohen Stils | vielfältige Sprachebenen; Dominanz der Alltagssprache | Gestaltungsprinzip des gestischen Sprechens (vgl. *Interpretationshilfe*, S. 62 ff.); Mischung der Stilebenen von der Sprache des Volkes über die Wissenschaftssprache bis hin zur Gelehrtensprache der Kleriker |

die erfahrbare Wirklichkeit einzulassen. Während Dramen der geschlossenen Form die Vorstellung einer universalen Harmonie zugrunde liege, in der der tragische Untergang des Helden überzeitliche Ideen und die transzendente Ordnung des Weltganzen bestätige, werden im offenen Drama diese idealistischen Überzeugungen und absoluten Werte brüchig. Tradierte Vorstellungen und bislang unhinterfragte Autoritäten eines klar übersichtlichen Weltbildes werden relativiert und der Mensch nicht länger als autonomer Verfechter ewiger Ideale, sondern als ein von seiner Umwelt geprägtes soziales Wesen begriffen.

Die Grundtendenzen der geschlossenen und offenen Form des Dramas entwickelt Klotz anhand der Aspekte **Handlung**, **Zeit**, **Raum**, **Personen**, **Komposition und Sprache**. Hierbei warnt der Autor davor, eine allzu starre schematische Zuordnung der dramatischen Werke vorzunehmen. Vielmehr sollen die bereitgestellten Kategorien dazu beitragen, die Einzigartigkeit eines jeden Kunstwerks mit seinen jeweiligen Stilbesonderheiten zu erschließen. In der Übersicht (vgl. *Interpretationshilfe*, S. 58) werden die zentralen Stilmerkmale der Dramen mit geschlossener und offener Form einander gegenübergestellt und ergänzt durch konkrete Beobachtungen zu dem epischen Drama *Leben des Galilei*, das der **offenen Form** zuzurechnen ist.

# 5 Erzähltechnik – epische Elemente im „Galilei"

Obwohl Brechts maßgebliche dramentheoretische Schriften *Über experimentelles Theater* (1939/49), *Der Messingkauf* (1939/40) und *Kleines Organon für das Theater* (1948/49) in die Entstehungszeit des *Galilei*-Dramas fallen, sind die epischen Elemente hier im Vergleich zu anderen Dramen Brechts nicht besonders stark ausgeprägt. Dennoch finden sich bei näherer Betrachtung stilistische Gestaltungsmittel, denen epische (erzählerische) Funktion zukommt.

Hier wären als Erstes die **den 15 Szenen vorangestellten Titel** zu nennen, welche, teilweise mit Zeitangabe versehen, den Gang der Handlung vorwegnehmen und die Spannung auf den Fortgang der Ereignisse vermindern. Ein – wenn auch in verknappter Form – vorab über den Verlauf der Ereignisse informierter Zuschauer kann seine Aufmerksamkeit vom **Was** auf das **Wie** der Darstellung richten (von dem Geschehen weg auf die Darstellungsweise hin) und sieht sich somit nicht der Gefahr ausgesetzt, die zur Erkenntnis erforderliche kritische Distanz zum Bühnengeschehen zu verlieren.

Eine ähnliche Wirkung geht von der **direkten Anrede des Publikums** in den den Szenen vorangestellten Versen beispielsweise im Bild 2 aus:

*Nun hört, und seid nicht grimm darob*
*Die Wahrheit übers Teleskop.* (S. 25)

Um der rückhaltlosen Identifikation der Zuschauer mit den handelnden Personen entgegenzuwirken, wird auf den Aspekt des Zeigens und Erzählens verwiesen. Das Publikum erfährt sich so nicht als Teil, sondern als Gegenüber des Bühnenvorgangs und vermag sich aus der kritisch-distanzierten Beobachterrolle heraus ein Urteil zu bilden.

Verfremdende Wirkung geht vor allem von der **Wahl des Galilei-Stoffes** aus, der über einen realgeschichtlichen Bezug zum Italien des frühen 17. Jahrhunderts verfügt. Die **Historisierung des Geschehens** erlaubt es, die behandelte Thematik des geistigen Widerstands gegen die Obrigkeit sowie die Problematik der Wissenschaft in der bürgerlichen Gesellschaft aus dem unmittelbaren politischen Alltag herauszulösen und in ein vergangenes Gesellschaftssystem zu verlegen. Da eine solche Darstellungsweise vertraute Selbstverständlichkeiten in einen ungewohnten Zusammenhang stellt, ermöglicht sie es, das Gegebene kritisch zu hinterfragen. Aktuelle gesellschaftliche Fragen können auf der Folie einer zurückliegenden geschichtlichen Epoche reflektiert werden und die Gesetzmäßigkeiten der Geschichte erkennbar machen, da vergangene und gegenwärtige Lebensverhältnisse miteinander verglichen werden.

Auch in der **Figurengestaltung Galileis** kommen epische Elemente zum Tragen. Zwar rückt Brecht hier eine überragende historische Einzelpersönlichkeit ins Zentrum seines Stückes, doch wird Galileis Verhalten nicht allein aus seiner individuellen Eigenart heraus erklärt. Seine Handlungen und Überzeugungen sind vielmehr Teil seiner sozialen Rolle, da ihm in seiner Funktion als Gelehrter am florentinischen Hof ein klar umrissener Ort in der Gesellschaft zugewiesen wird.

Zusätzlich zu dieser **gesellschaftlichen Verortung** der Bühnenfiguren verlagert Brecht eine **Ebene der Reflexion** in das Innere Galileis, was zu einer Erweiterung der Perspektive führt. Die Entwicklung der dramatischen Handlung wird somit von der reflektierend-kommentierenden Stimme des Wissenschaftlers ergänzt. Dieser Kunstgriff kann als **Doppelung der dramatischen Person** in eine handelnde Figur und ein reflektierendes Gewissen bezeichnet werden, denn Galilei geht selbstkritisch mit sich ins Gericht. Eindrucksvoller Beleg dieser Selbstbezichtigung ist der Schlussmonolog im 14. Bild, in dem der Physiker rückblickend seine mangelnde Standfestigkeit für die verhängnisvollen Folgen für die Wissenschaftsentwicklung verantwortlich macht.

Der **Funktionswandel der dramatischen Figuren** weg vom tragischen Einzelschicksal hin zum sozial repräsentativen Charakter, den die Personen in Brechts epischem Drama erfahren, wird in den **Regieanweisungen des Autors** verstärkt. Die Darsteller, so Brecht, müssen jederzeit als **Demonstranten einer fremden Rolle** erkennbar bleiben. Es dürfe nicht zu einer Verwandlung des Schauspielers in die demonstrierte Figur kommen, denn nur so sei gewährleistet, dass diese zum Gegenstand der Kritik der Zuschauer werden können.

## 6 Sprache

Genau genommen kann die im *Galilei* verwendete Dramenspra-
che als weiteres episches Element begriffen werden, trägt sie doch
zur sozialen Typisierung der Figuren bei. Brecht selbst hat den
Begriff des **gestischen Sprechens** geprägt, um die zentrale Bedeutung des Bühnenvortrags zu unterstreichen. Die Rede der Figuren wird von Ausdrucksbewegungen des Körpers, den sogenannten Gesten, begleitet und in ihrer Wirkungsweise verstärkt.

So wie der Autor die Dramenhandlung vor dem Hintergrund
eines differenzierten gesellschaftlichen Umfeldes entwickelt, so
handelt es sich auch bei der im Stück verwendeten Sprache keineswegs um eine einheitliche Form des sprachlichen Ausdrucks.
Vielmehr sind den einzelnen Figuren unterschiedliche Sprach-
ebenen und Sprechweisen zugeordnet, die auf ihre jeweilige soziale Herkunft verweisen und ihre Zugehörigkeit zu einer bestimmten gesellschaftlichen Gruppe deutlich werden lassen.

Brecht bemüht sich hierbei jedoch nicht um eine möglichst
realitätsgetreue Nachahmung alltäglichen Sprechens, sondern
trägt durch Überzeichnung und Stilisierung der Sprache dazu
bei, den Zuschauern das Geschehen als *Bühnen*geschehen nahe-
zubringen. Gemäß Brechts Überlegungen zum epischen Theater
kann allein der Verweis auf den *Kunst*charakter der Handlung die
kritische Beobachtungsgabe des Publikums sensibilisieren.

**Frau Sartis „Stimme des Volkes"** spricht stellvertretend für
die unvermögenden, ungebildeten Bevölkerungsschichten, die
sich am unteren Ende der gesellschaftlichen Rangordnung befinden. Auffällige Charakteristika ihrer Sprechweise sind ein ein-
facher, über umgangssprachliche Verknappungen selten hinaus-
weisender Satzbau („Ich meine auch nicht solche Sachen, sondern
einfach, wie die Zukunft sein wird. Ich kann auch nichts wissen,
ich bin eine ungebildete Person." S. 84) sowie ein eingeschränk-
ter, aus ihrem unmittelbaren Alltag entstammender Wortschatz:

*Und die große Besichtigung heute wird eine Blamage, daß ich*
*morgen wieder nicht dem Milchmann ins Gesicht schauen kann.*
*Ich wußte, was ich sagte, als ich ihm riet, den Herren zuerst ein*
*gutes Abendessen vorzusetzen [. . .]. (S. 42)*

Obwohl Brecht der Haushälterin Galileis lediglich eine sehr
reduzierte Ausdrucksweise zugesteht, verunglimpft er diese sich
ihrer fehlenden Bildung bewusste Figur keineswegs als dumm.
Vielmehr verleiht die vom Autor gestaltete Sprech- und Denk-
weise Frau Sarti eine Form von praktischer Intelligenz, die sie
den Zuschauern sympathisch werden lässt. Auf Galileis Frage zur
Bewegungsrichtung der Gestirne („ist es anzunehmen, daß das
Große sich um das Kleine dreht, oder dreht wohl das Kleine sich
um das Große?" S. 37) antwortet seine Bedienstete schlagfertig
mit einer Analogie aus ihrer konkreten Lebenssituation:

*Stelle ich Ihnen das Essen hin, oder stellen Sie es mir hin? [. . .] Sie*
*sind es nämlich, der studiert hat und der bezahlen kann. (S. 37 f.)*

Indem Frau Sarti Bildung und Besitz als Faktoren der Macht
erkennt, die über die sozialen Beziehungen entscheiden, verweist
sie hellsichtig auf die weltanschauliche Dimension des kopernikanischen Weltbildes: So wie der sozial überlegene Galilei nicht
bereit ist, sich dienend auf seine Haushälterin zuzubewegen, so
werden auch die Vertreter der Kirche, die Florentiner Hofgelehrten und der besitzende Landadel der Bewegungsveränderung der
Gestirne gemäß des heliozentrischen Weltbildes nicht zustim-
men. Dies hieße nämlich, dass sie ihren privilegierten Platz im
gesellschaftlichen Gefüge räumen müssten.

Einen scharfen Kontrast zu diesem volkstümlichen Sprechen
bildet die mit Latinismen und abstrakten Begriffen gespickte
Ausdrucksweise der **Kirchengelehrten**. Ihr formelhaftes, steifes
Sprechen entspricht der **Unbeweglichkeit** ihres Denkens, das
ganz und gar den Vorstellungen des alten Zeitalters verhaftet
bleibt. Lateinische Redewendungen („Principiis obsta!" S. 62)
sowie Sprüche aus dem alten Testament („ ‚Der Weise verbirget

sein Wissen.' Sprüche Salomonis.'' S. 68) zeugen vom hohen
Bildungsgrad der Kirchenvertreter, jedoch eröffnet ihnen dieses
Wissen keinerlei neue Erkenntnisse. Ihre sich als vergeistigt ge-
bende Ausdrucksweise erweist sich als leere Rhetorik, da sie nur
dazu dient, das eigene rückwärtsgewandte Weltbild abzusichern.

**Galileis** erfrischend **lebendiges Sprechen** kann als Schnittpunkt der beiden skizzierten Sprachwelten begriffen werden. Die
zwei Seiten Galileis – der sinnenfrohe Genussmensch und der
um exakte Beschreibung bemühte Wissenschaftler – schlagen
sich in einer gelungenen Mischung in seiner Sprechweise nieder.
Zudem verfügt der Wissenschaftler über die wertvolle Fähigkeit,
seine Ausdrucksweise seinem jeweiligen Gesprächspartner an-
zupassen und sich somit auf allen gesellschaftlichen Feldern zu
behaupten. Entgegen der mit erstarrtem Bildungsgut angerei-
cherten Gelehrtensprache sind Galileis Unterweisungen seines
Ziehsohns Andrea Sarti allgemein verständlich. Durch die Ver-
wendung konkreter Beispiele und Bilder wirken sie förderlich auf
das Vorstellungsvermögen des Zöglings ein:

Galilei: *Also hier ist die Erde, und hier stehst du.*

Er steckt einen Holzsplitter von einem Ofenscheit in den Apfel.
*Und jetzt dreht sich die Erde.*

Andrea: *Und jetzt hänge ich mit dem Kopf nach unten.*

Galilei: *Wieso? Schau genau hin! Wo ist der Kopf?* (S. 15)

Anders jedoch als Frau Sarti, die über ihr begrenztes Lebensum-
feld sprachlich und gedanklich nie hinausgelangt, besteht Galilei
dort auf sprachlicher Genauigkeit, wo wissenschaftliche Begriffe
erforderlich sind: „Es heißt: er beschreibt einen Kreis, Andrea.''
(S. 9)

Auch in seiner Rolle als Gefangener der Inquisition kann er
sich dank seines sprachlichen Geschicks eine vergleichsweise an-
genehme Situation sichern, die es ihm gestattet, unbehelligt
seinen wissenschaftlichen Forschungen nachzugehen. Da Galilei
die herrschende Lehrmeinung der Kirche zur Genüge kennt,

kann er sein an den Erzbischof adressiertes Schreiben den sprachlichen Gepflogenheiten der Kirchenobrigkeit gemäß verfassen und seine angebliche Reue überzeugend darstellen.

Inwieweit Galilei durch diesen instrumentellen/manipulativen Umgang mit Sprache seine Glaubwürdigkeit zumindest teilweise einbüßt, wäre sicherlich eine lohnende Fragestellung, die jedoch über den Rahmen dieser *Interpretationshilfe* hinausweist.

## 7 Interpretation von Schlüsselstellen

### Sagredos und Galileis Verständnis von Wissenschaft und Vernunft (Bild 3)

Im dritten Bild präsentiert Galilei Sagredo seine mithilfe des Fernrohrs gewonnenen astronomischen Beobachtungen, welche die kopernikanische Lehre erstmals empirisch beweisbar machen. Mit Sagredo stellt Brecht Galilei einen zweiten Wissenschaftlertypus an die Seite, der sich zwar selbst nicht als Forscher betätigt, neu gewonnene naturwissenschaftliche Erkenntnisse jedoch aufmerksam registriert. Wo Galilei Gefahr läuft, unreflektiert seinem wissenschaftlichen Eifer zu erliegen, zeichnet sich das Verhalten des Freundes durch kluge Besonnenheit, Realitätssinn und gesellschaftlichen Weitblick aus. Die in leidenschaftlichem Rausch vorgetragenen Erkenntnisse Galileis kommentiert Sagredo mit dem Satz „Das ist furchtbar." (S. 30), da er deren soziale Sprengkraft vorausahnt. Hellsichtig erfasst er die weltanschauliche Bedeutung der kosmischen Ordnung und wittert Gefahr, zu Recht, wie die Geschichte sowie der weitere Verlauf des Stückes es lehren. Er wirkt dämpfend auf Galileis leidenschaftlichen Vortrag ein („Beruhige dich. Du denkst zu schnell." S. 34) und verweist auf den Fall Giordano Bruno, der die Behauptung, die Erde sei nicht der Mittelpunkt des Universums, mit dem Leben bezahlen musste. Wiederholt versucht Sagredo durch die Frage nach dem Ort Gottes in Galileis Weltsystem dem Freund die Unvereinbarkeit der herrschenden Kirchenmeinung mit seinen Entdeckungen zu verdeutlichen: Wo Gott nicht im Mittelpunkt der Welt bzw. der Erde steht, kann die Kirche ihre Machtposition nicht halten. Sagredo kann die gesellschaftlichen Rahmenbedingungen, innerhalb derer wissenschaftliche Erkenntnisse gewonnen und veröffentlicht werden, reflektieren und sich aus dieser Einsicht heraus vorausschauend klug verhalten. So weiß er im Gegensatz zu Galilei, dass die kirchliche Lehre den Mächtigen als Fundament der bestehenden sozialen und politischen Ordnung dient.

Galilei hingegen kann nicht begreifen, dass sich kosmische, theologische und gesellschaftliche Ordnung wechselseitig bedingen. Aus einer Art Größenwahn heraus schlägt er die Warnungen des Freundes in den Wind und glaubt sich im Gegensatz zu seinem Vordenker Giordano Bruno unantastbar, da er eine sichtbare Beweisführung für seine Thesen vorweisen kann. Galileis ebenso leidenschaftlicher wie naiver Lobgesang auf die menschliche Vernunft: „Ich glaube an den Menschen, und das heißt, ich glaube an seine Vernunft!" (S. 36) offenbart seinen Mangel an gesellschaftlicher Analysefähigkeit. In der Rolle des väterlichen Beraters macht Sagredo ihn auf seine „Verblendung" aufmerksam. Das Motiv des Sehens wird hier von Sagredo doppelt verwendet: Einerseits schätzt er den Freund für dessen von Zweifel und Wissensdurst gekennzeichneten erhellenden Blick auf die Gestirne, andererseits prangert er Galileis Autoritätsgläubigkeit an, wenn dieser so blind auf die Vernunft der Herrschenden vertraut:

> So mißtrauisch in deiner Wissenschaft, bist du leichtgläubig wie ein Kind in allem, was dir ihr Betreiben zu erleichtern scheint. Du glaubst nicht an den Aristoteles, aber an den Großherzog von Florenz. (S. 40 f.)

Galileis Plädoyer für die menschliche Vernunft schlägt um in einen Vernunftglauben, der sich als zutiefst unvernünftig erweist.

Er hängt der Illusion vom „reinen Sehen" an und verkennt somit, dass sich der menschliche Blick nicht voraussetzungslos auf seinen Gegenstand richtet. Für Sagredo hingegen hat Sehen immer auch eine soziale Komponente, es ist eingebettet in gesellschaftliche Zusammenhänge und von dem sozialen sowie weltanschaulichen Standort des Betrachters abhängig. Diese Einsicht befähigt ihn dazu, die Widerstände der Fürsten und Mönche gegenüber den astronomischen Beobachtungen Galileis zutreffend vorauszusehen.

Ebenso verhält es sich mit Sagredos Vorstellung von Wissenschaft, die er anders als der Freund nicht als aus ihren sozialen Bezügen herausgelöste Disziplin denkt. Da er die Wissenschaft nicht um ihrer selbst willen, sondern als ein dem menschlichen Wohle dienendes Instrument wertschätzt, läuft er nicht Gefahr, dem Sog wissenschaftlicher Entdeckerlust zu verfallen: „Ich liebe die Wissenschaft, aber mehr dich, meinen Freund." (S. 41) Anders als Andrea Sarti, der Galilei die Freundschaft aufkündigt, als dieser von Folter bedroht seine wissenschaftliche Lehre widerruft, zeigt Sagredo menschliche Größe, da er dem Freund in der Not beizustehen versucht. Auch wenn Sagredo nicht als Wegbereiter neuer wissenschaftlicher Erkenntnisse in Erscheinung tritt, so kann sein Verständnis von Wissenschaft und Vernunft dennoch als beispielhaft gelten, da es auf moralischer Integrität und geistiger Offenheit basiert.

**Wissenschaft und Religion – zwei unvereinbare Welten? (Bild 8)**
In ihrem Dialog nehmen Galilei und Fulganzio unterschiedliche Positionen ein: In der Figur des kleinen Mönchs begegnet der Wissenschaftler einem Grenzgänger zwischen naturwissenschaftlichem und theologischem Welterklärungsmodell. Diese Kluft wirkt in Form eines schmerzlichen Zwiespalts hinein ins Innere des gläubigen Mönchs, der ja zugleich studierter Astronom und Mathematiker ist.

Sowohl Fulganzio als auch Galilei wollen ihren jeweiligen Gesprächspartner davon überzeugen, dass jeder von ihnen auf die Ursachen des Elends und der Ungerechtigkeit in der Gesellschaft angemessen reagiert und dass ihr Ziel sowie die hierfür erforderlichen Maßnahmen der Situation angemessen sind.

Da Inhalt und Form eng miteinander verklammert sind, lohnt es sich, neben der Herausarbeitung der inhaltlichen Positionen dem Rhetorischen der Redebeiträge etwas Aufmerksamkeit zu schenken. Rhetorik wird hier verstanden als die Kunst, durch die Form der Rede etwas zu bewirken, d. h., die Menschen sollen zu einem bestimmten Handeln bewegt werden. Außerdem zeigt sich hier ganz deutlich, dass Rhetorik weniger der Informationsvermittlung als der Beeinflussung dient, denn beide wissen natürlich um die bittere Armut der Bauern.

Seine Rede baut der kleine Mönch mehr oder weniger nach dem antiken Muster auf: So bittet er in der Einleitung (expositio) Galilei darum, von sich erzählen zu dürfen. Dies ist ein geschickter rhetorischer Schachzug, da er mit seiner Person für die Wahrheit dieser Aussagen bürgt. Der Hauptteil (narratio) schildert die wirtschaftliche Misere der Campagnabauern am Beispiel seiner Familie, wobei die tiefe Harmonie dieses Idylls mehrfach betont wird. Als Bauernsohn fühlt sich der kleine Mönch den materiell Benachteiligten persönlich verbunden; diese emotionalen Bande verhindern aber jeglichen kritischen Blick aus der Distanz heraus.

Fulganzio vertritt die wissenschaftlich überholte Lehrmeinung der Kirche. Folglich muss er es vermeiden, gesellschaftliche Zusammenhänge in seiner Argumentation aufzuzeigen. Vielmehr muss er sich dem Detail zuwenden. Bildlich gesprochen könnte man sagen, dass er Galileis Werkzeug der Erkenntnis, das Fernrohr, im umgekehrten Sinne verwendet, sodass es verkleinert statt zu vergrößern und lediglich einen kleinen Ausschnitt der Wirklichkeit erkennbar werden lässt. Dadurch verbleibt das Statische in seiner Argumentation, er verweilt nur bei seiner

Familie. Entscheidend ist die Appellfunktion ans Mitleid, darauf beschränkt sich sein Redebeitrag, er will „rühren", das Gemüt bewegen und Galilei auf die Gefahren „allzu hemmungslose[n] Forschen[s] für die Menschheit" (S. 76) hinweisen.

In Fulganzios Schilderungen fällt weiterhin auf, dass die Campagnabauern ihren Alltag als sinnvoll geordnet und naturgegeben begreifen; das „Bodenaufwischen", die „Steuerzahlung" sowie die „Unfälle" bei der Feldarbeit werden ebenso wie die „Jahreszeiten im Ölfeld" als naturwüchsig, gottgegeben und eben nicht als veränderbare gesellschaftliche Praxis verstanden. Lebensmut und Sinn des Daseins beziehen die Landbewohner aus der christlichen Lehre, welche ihr entbehrungsreiches Leben als von Gott auferlegte Bewährungsprobe verklärt, die sie nur mit „Geduld" und „Einverständnis in ihr Elend" bestehen können. Hieraus schlussfolgert der kleine Mönch, dass dem Heiligen Dekret „Seelengüte" zukomme, da es die Campagnabauern mit ihrer gegenwärtigen Lebenssituation versöhnt und sie vor Verzweiflung und Verbitterung bewahrt.

Dass der Blick auf gesellschaftliche Wirklichkeit abhängt von der jeweiligen Perspektive, wird an Galileis wortgewaltiger Entgegnung deutlich: Zwar blicken beide auf das Gleiche, jedoch erkennen sie nicht Dasselbe. Während Fulganzio aus emotionaler Betroffenheit vom Schicksal der Campagnabauern diese in ihrem demutsvollen Verzicht auf ein erfülltes Leben im Diesseits unkritisch bestärkt, da er die auf Jenseitiges verweisende christliche Erlösungslehre als Lohn für irdische Mühsal anerkennt, ist Galileis rational-analytische Argumentationsweise aus der Distanz heraus darauf angelegt, die gesellschaftlichen Ursachen sozialer Ungleichheit zu hinterfragen.

Dreimal stellt Galilei die Warum-Frage und legt im gleichen Atemzug schonungslos die Rolle der Kirche als Teilhaberin am herrschenden Ausbeutungssystem offen, da diese sich skrupellos an der Arbeitskraft der Campagnabauern bereichert.

Galilei greift die zentralen Begriffe aus der Rede seines Gesprächspartners wie „Seelengüte", „Ordnung" und „Notwendigkeit" erneut auf, jedoch gibt er ihnen eine ganz neue Wendung. Indem er sie in gesellschaftliche Zusammenhänge einbettet, überprüft er sie und kann ihren ideologischen Charakter enthüllen. Somit ist seine Methode rational, weil seine Aussagen an der Realität gemessen werden können.

Während der kleine Mönch Wissenschaft und soziale Verantwortung als miteinander unvereinbar betrachtet, kann Galilei diese Entgegensetzung auflösen, da seine rationale Gesellschaftsanalyse auf die Beseitigung sozialer Ungerechtigkeit zielt. Indem Galilei die „göttliche Geduld" der Campagnabauern als Tugend der Aufopferung zurückweist und im Gegenzug verlangt, dass sie „in Bewegung kommen und denken lernen", um ihren „göttliche[n] Zorn" (S. 81) freizusetzen, bringt er in aller Deutlichkeit seine vom kleinen Mönch radikal verschiedene Vorstellung vom Menschen zum Ausdruck: Während der Mensch nach Auffassung Galileis als vernünftiges irdisches Wesen seine Daseinsbestimmung und seinen Wert in sich selber trägt, hängt der Mönch einer Vorstellung nach, die den Menschen auf ein göttliches Zentrum hin entwirft, als Ebenbild Gottes, das erst im Jenseits zur Vollkommenheit gelangt.

Auch wenn im Verlauf des Dialogs Galileis Betrachtungsweise überzeugen kann, beinhalten beide Positionen Problematisches. Während Fulganzio aus einem falsch verstandenen Verantwortungsgefühl für die Campagnabauern heraus unfreiwillig den Interessen der klerikalen und weltlichen Obrigkeit dient, laufen Galileis abstrakte Prinzipien von Vernunft und Wahrheit Gefahr, den Bezug zu den konkreten Individuen zu verlieren. Nicht aus persönlicher Betroffenheit heraus handelt er, sondern aus dem abstrakten, von seiner Lebenswelt abgehobenen Wunsch nach Revolutionierung der Menschheit im Ganzen (vgl. auch Galileis belastete Beziehung zur Tochter Virginia sowie zu Frau Sarti).

Galilei selbst ist es, der das Unheil eines sich verselbstständigenden Wissenstriebs, jenes Prozesses, dem er im Verlauf des Dramas selbst zum Opfer fallen wird, stellvertretend an der Figur des kleinen Mönchs vorwegnimmt. Indem er nämlich Fulganzios hoffnungsfroh stimmende Einsicht- und Wandlungsfähigkeit am Ende des Gesprächs mit dem Sündenfall gleichsetzt: „Ein Apfel vom Baum der Erkenntnis! Er stopft ihn schon hinein" (S. 81), bringt er dessen von sozialer Verantwortung geleiteten Wissensdurst in Verruf.

Am Ende spricht Galilei nicht mehr vom kleinen Mönch, sondern von sich selbst, was beweist, dass es seine eigene Moral ist, um die er bangt. Denn er weiß, dass sein Erkenntnistrieb sich von allen sozialen Bindungen zu lösen droht und somit sein eigenes Leben gefährden kann:

*Ich denke manchmal: ich ließe mich zehn Klafter unter der Erde in einen Kerker einsperren, zu dem kein Licht mehr dringt, wenn ich dafür erführe, was das ist: Licht.* (S. 81)

### Galileis Selbstanklage und Andrea Sartis Entlastungsangebot (Bild 14)

Den eigentlichen Schlussakkord des Dramas setzt Brecht mit der Selbstanklage Galileis im 14. Bild, die der mittlerweile als Gefangener der Inquisition in Florenz lebende Gelehrte in Anwesenheit seines Besuchers Andrea Sarti vornimmt. Beide ziehen eine Bilanz der durch den Widerruf ausgelösten Entwicklungen in Wissenschaft und Gesellschaft. Hierbei treffen unterschiedliche Einschätzungen, Wissenschaftsvorstellungen und Zukunftsvisionen aufeinander, die im Laufe des Gesprächs einem Wandel unterliegen und der Unterredung eine eindrucksvolle Dynamik verleihen.

Zu Beginn macht Sarti in der Rolle des vorwurfsvollen Anklägers den ehemals väterlichen Freund für die verheerenden Konsequenzen seines Widerrufs im Bereich der Wissenschaft verantwortlich. Sowohl den Stillstand der Forschung in Italien als auch die desillusionierte Abkehr Federzonis und Fulganzios von jeglicher naturwissenschaftlichen Betätigung lastet er Galilei als schuldhaften Verrat an der Wissenschaft und den fortschrittlichen Volksschichten an.

Dieser unternimmt keinerlei Rechtfertigungsversuche, stattdessen teilt er Sarti fast beiläufig von den inzwischen fertiggestellten *Discorsi* mit. Als Galilei Andrea zudem noch eine Abschrift aushändigt und ihm gestattet, das Werk auf eigene Verantwortung ins Ausland zu bringen, gerät der bislang zurückhaltend-kühle Sarti in große Aufruhr. Fast andächtig zitiert er die ersten Zeilen des Manuskripts und unternimmt sogleich reumütig einen Entschuldigungsversuch. Mit den Worten „Dies ändert alles. Alles." (S. 124) nimmt Sarti all seine vorab geäußerten Anschuldigungen zurück und deutet Galileis Widerruf nun voll ehrfürchtiger Bewunderung in ein kluges Täuschungsmanöver um. Einst als Versagen aus Feigheit gebrandmarkt, gilt dem jungen Wissenschaftler Galileis Tat angesichts der *Discorsi* nun als moralisch gerechtfertigte strategische List, die es ihm erlaubte, der Wissenschaft zum Sieg zu verhelfen. Bemerkenswert an Andrea Sartis Umschwenken in der Beurteilung Galileis ist Folgendes: Wie zuvor richtet er nun auch im Zuge seiner Neubewertung des Widerrufs keine einzige Frage an Galilei, welche die eigenen Mutmaßungen über die tatsächlichen Beweggründe des Wissenschaftlers überprüfen könnten. Fast hat es den Anschein, als wolle er Galilei mit diesem moralischen Entlastungsangebot zum Schweigen bringen, weil für ihn allein der wissenschaftliche Ertrag, die Fertigstellung der *Discorsi*, von Interesse ist. Diese Vermutung erhärtet sich, wenn Andrea die Chance eines gesellschaftlichen Umbruchs als „hoffnungslose[...] politische[...] Schlägerei" abtut und die als „das eigentliche Geschäft" (S. 125) aufgewertete Wissenschaft von den revolutionären sozialen Strömungen der Zeit abtrennt. Als Galilei dieses Rehabilitierungsangebot zurückweist und die Angst vor körperlichem Schmerz als ausschlaggebendes Motiv für sein Handeln benennt, wiegelt Andrea Sarti Galileis Entgegnung mit dem gleichen Argument ab: „Die Wissenschaft kennt nur ein Gebot: den wissenschaftlichen Beitrag." (S. 126)

Denkt man Sartis kurz darauf folgenden Ausruf „Todesfurcht ist menschlich! Menschliche Schwächen gehen die Wissenschaft nichts an." (S. 126) konsequent zu Ende, so redet er hier der Entmenschlichung der Wissenschaften das Wort. Herausgelöst aus dem sozialen Wertesystem, kann über die wissenschaftliche Forschung kein menschliches Urteil gefällt werden.

Sartis Versuch, den Verrat Galileis nachträglich mit dessen wissenschaftlichem Werk zu rechtfertigen, wird von Galilei entschieden widersprochen. Dieser ist nämlich nicht bereit, die Wissenschaftler bezüglich der eingesetzten Mittel und der Folgen ihrer Forschung aus der Verantwortung zu entlassen. Nachdem Sarti vom ehemaligen Ankläger nun in die Rolle des Verteidigers hinübergewechselt ist, ist Galilei es selbst, der den Part der Anklage übernimmt. In einem wortgewaltigen Monolog geht er mit sich selbst ins Gericht und entwickelt dabei in scharfer Abgrenzung von Sartis Ethik einer „reinen Wissenschaft" die Wertmaßstäbe für eine sozial verantwortliche Forschung.

Da für Galilei das Ziel der Wissenschaft allein darin besteht, „die Mühseligkeit der menschlichen Existenz zu erleichtern", darf wissenschaftliches Forschen nicht zum Selbstzweck werden, denn es ist mit einer sozialen Bestimmung verknüpft. Wissenschaft hat demnach zwangsläufig „mit beiden Kämpfen zu tun", dem Bemühen um eine rational überprüfbare Welterschließung, die sich dem Wohle des Menschen verpflichtet.

Weit über den Horizont seiner Zeit hinausblickend, entwickelt der inzwischen in seiner Sehkraft eingeschränkte Galilei eine traumatische Zukunftsvision, in der der wissenschaftliche Fortschritt sich in sein Gegenteil verkehrt und zu einem „Fortschreiten von der Menschheit weg" (S. 128) verkommen ist. Dieses Wortspiel verweist eindrucksvoll auf die Folgen einer von Sarti theoretisch gerechtfertigten und von Galilei schuldhaft praktizierten entmenschlichten Wissenschaft. Galileis visionäre Kraft kann die leidvollen Erfahrungen der Generationen des atomaren Zeitalters vorwegnehmen, wenn er von dem „universalen Entsetzensschrei" spricht, mit dem die Menschheit eines Tages wissenschaftliche Errungenschaften beantworten wird.

Der Wissenschaftler beschreibt die Konsequenzen seines Wirkens vom Standpunkt einer nachfolgenden historischen Epoche aus und muss zwangsläufig zu einer Verurteilung seines Widerrufs kommen. Er beschuldigt sich selbst, seine historisch einzigartige Möglichkeit, die Wissenschaft dem Wohle der Menschheit zu weihen, verwirkt und einer Entwicklung zum Durchbruch verholfen zu haben, in der die Wissenschaft vor Missbrauch nicht geschützt zu werden vermag.

Die Beteuerungen seines eigenen Versagens sind jedoch keineswegs nur selbstzerstörerisch. Von ihnen geht vielmehr ein utopischer Appell an die nachfolgenden Wissenschaftlergenerationen aus, ihm nicht gleichzutun, sondern ihr Wirken in Gedenken an den hippokratischen Eid der Ärzte im Bewusstsein sozialer Verantwortlichkeit zu gestalten.

Brechts Absicht, das Publikum an zu starken Sympathiebekundungen gegenüber der Titelfigur zu hindern, ist wohl nur bedingt gelungen. Einerseits führt die unerbittlich vorgenommene Selbstbezichtigung Galileis die Schwere seiner Tat unmissverständlich vor Augen, andererseits jedoch zollt die schonungslose Selbstanalyse dem Zuschauer Bewunderung ab. Der eigentliche Verdienst der Galilei-Figur ist es jedoch, in der Verurteilung des eigenen Versagens auf eine überzeugende historische Alternative zu verweisen. Diese kann als richtungweisend in dem vergangenen und gegenwärtigen Bemühen um die Herausbildung einer Wissenschaftsmoral betrachtet werden.

# Rezeptionsgeschichte

Berücksichtigt man bei der Rezeptionsgeschichte von Bertolt Brechts Drama *Leben des Galilei* neben dem Wandel der literaturwissenschaftlichen Kritik auch die Entwicklungslinie der unter dem Einfluss des Dramas entstandenen Folgewerke, so kann gewiss zu Recht von einer nachhaltigen Wirkung des Stückes in der literarischen Öffentlichkeit gesprochen werden.

Die Aufnahme des *Galilei* vonseiten der bundesdeutschen Literaturwissenschaft ist bis weit in die 60er-Jahre hinein überschattet von dem angespannten innerdeutschen Verhältnis. Gegenüber einem Schriftsteller wie Brecht, der sich offen zu seiner marxistischen Überzeugung sowie zu seiner Sympathie für den sozialistischen Staat der DDR bekannte, hegte man im kapitalistischen Westen großes Misstrauen. Im Osten hingegen versuchte man, den Autor und sein Werk für die kommunistische Ideologie zu vereinnahmen. Nach und nach begegnete man ihm jedoch auch mit Kritik, da sich seine auf Verfremdung zielende Kunstauffassung den herrschenden ästhetischen Vorstellungen nicht fügte.

Vor dem Hintergrund dieser politischen Konfliktsituation ist es nicht verwunderlich, dass sich sowohl west- wie auch ostdeutsche Rezensenten verstärkt auf die das Verhältnis von Individuum und Gesellschaft betreffenden Aspekte des Dramas konzentrierten. Als repräsentativ für die bundesrepublikanische Position mag Günter Rohrmosers Kritik an der im *Galilei* verkörperten Gesellschaftsauffassung gelten, die Rolle des Individuums werde nicht gebührend gewürdigt. Sein Vorwurf entzündete sich an der im Drama propagierten Geschichtsvorstellung, in der „Situationen nicht vorgesehen [sind], in denen der spontane Einsatz des Einzelnen gefordert ist, um der Bewegung der Geschichte eine Richtung auf das humane Telos [Endziel, d. Verf.] hin zu verleihen.“[6]

Aus ostdeutscher Perspektive hingegen wurde das gleiche Phänomen mit einer konträren Wertung versehen. Die Tatsache, dass Galilei sich in seiner Rolle als Wissenschaftler am florentinischen Hof gegen die kirchliche Obrigkeit nicht durchzusetzen vermag, wird als Plädoyer des Autors für eine klassenlose Gesellschaft gelesen: „Der Widerspruch ist nicht individuell lösbar, sondern nur gesellschaftlich und in Kämpfen, er ist nicht lösbar in einer Klassengesellschaft, sondern nur durch deren Überwindung.“[7]

Die Rezeption des Werkes zwischen den ideologischen Fronten versucht Brecht darüber hinaus in seiner Rolle als Autor und Dramaturg zu steuern. In Form von Textüberarbeitungen (vgl. *Interpretationshilfe*, S. 10 ff.) und Bühnenanweisungen greift Brecht in ungewöhnlicher Weise in den Rezeptionsvorgang ein, da er sich vor dem Hintergrund der weltpolitischen Ereignisse, dem Atombombenabwurf über Hiroshima und Nagasaki, zu einer Umakzentuierung einzelner Passagen gezwungen sieht. Zahlreiche dramaturgische Anweisungen Brechts an den Galilei-Darsteller Charles Laughton zeugen von seinem Bemühen, dem Publikum den Wissenschaftler nicht länger als eine mit gewöhnlichen menschlichen Schwächen behaftete Identifikationsfigur, sondern als abstoßenden sozialen Verräter zu präsentieren: Galileis „Selbstanalyse darf unter keinen Umständen von dem Darsteller dazu missbraucht werden, mithilfe von Selbstvorwürfen den Helden dem Publikum sympathisch zu machen.“[8]

Entgegen den Versuchen des Autors, seiner Titelfigur jegliche moralische Integrität abzusprechen, betont die überwiegende Zahl literaturwissenschaftlicher Arbeiten nichtsdestotrotz die spannungsreiche Ambivalenz der Galilei-Gestalt. Für Sautermeister[9] stellt eine solche gegen die Autorintention gerichtete

Rezeptionsweise sogar eine besondere Hochschätzung des Stückes dar, da sie die zu Zweifel ermutigende Dramengestaltung nicht zugunsten der ideologisch überformten Selbstanklage Galileis in der Schlussszene aus dem Blick verliert.

Auch die beiden bekanntesten Folge- bzw. Gegenstücke zu Brechts *Leben des Galilei*, Friedrich Dürrenmatts 1962 erschienene Kriminalkomödie *Die Physiker* sowie Heinar Kipphardts Dokumentationstheater *In der Sache J. Robert Oppenheimer* (1964)[10], widmen sich der Frage nach den Möglichkeiten und Grenzen individueller Verantwortlichkeit im Feld der wissenschaftlichen Entwicklung.

Dürrenmatts *Physiker* sind, anders als Brechts *Galilei*, nicht mehr von der grundsätzlichen Zuversicht in die der Menschheitsentwicklung förderliche technische Entwicklung getragen. Während Brecht den Sündenfall der Naturwissenschaften auf das prinzipiell vermeidbare Fehlverhalten Galileis zurückführt, ist die Szenerie Dürrenmatts von einer ebenso willkürlichen wie ausweglosen Katastrophenerfahrung gekennzeichnet. Drei Physiker, die sich im Besitz einer menschheitsbedrohenden Weltformel befinden, täuschen Wahnsinn vor, um das gefährliche Wissen vor seiner Verbreitung zu schützen. Es gelangt jedoch trotzdem in die Hände der machthungrigen Leiterin der Irrenanstalt. Wissenschaftliche Erkenntnis ist nicht länger ausschließlich an ihre geistigen Hervorbringer gebunden, vielmehr kann, „was einmal gedacht wurde, [...] nicht mehr zurückgenommen werden"[11]. Dürrenmatts Gesellschaftsporträt im Zeitalter atomarer Bedrohung trägt beklemmende Züge, da es den Verlust individueller Steuerbarkeit und somit die Ohnmachtserfahrung der Menschen vorführt, die in einer fatalen Auswegslosigkeit gefangen sind.

Heinar Kipphardts szenischer Bericht hingegen stützt sich auf Dokumentationsmaterial des Verfahrens der amerikanischen Atomenergiekommission gegen den Erfinder der Atombombe,

J. R. Oppenheimer, während der Kommunistenhetze der McCarthy-Ära. Der Kernphysiker wird wegen angeblicher Illoyalität vor Gericht gestellt, da er angesichts der atomaren Katastrophe nach dem Angriff auf Japan seine Mitarbeit an der Entwicklung der Wasserstoffbombe verweigert. Brechts Galilei-Figur vergleichbar, klagt Oppenheimer eine den Grundsätzen der Moral verpflichtete Haltung der Wissenschaftler ein, ohne jedoch die vernunft- und fortschrittsgläubige Haltung seines Vorgängers zu teilen. Hatte Galilei als Folge einer sozial verantwortlichen Forschertätigkeit eine der Menschheit förderliche Entwicklung in Aussicht gestellt, gestaltet sich der Ausblick Oppenheimers weitaus düsterer. Obwohl der Physiker sich aus gesellschaftlichem Verantwortungsgefühl heraus zur Weiterentwicklung moderner Waffentechnologien nicht länger bereit erklärt, ist er sich dennoch bewusst, dass sein individueller Entschluss den Gang der Forschung nicht aufzuhalten vermag.

Kipphardts Stück nimmt somit eine Zwischenstellung zwischen Brechts *Galilei* und Dürrenmatts *Physikern* ein.

Eine Konfrontation von Brechts *Leben des Galilei* mit den Folgestücken Dürrenmatts und Kipphardts kann dazu beitragen, die jeweiligen Auffassungen vom Verhältnis zwischen Wissenschaft und Gesellschaft klarer herauszuarbeiten und voneinander abzugrenzen. Die Erhellung vergangener Wissenschaftsvorstellungen kann somit einen Beitrag dazu leisten, gegenwärtige Entwicklungen zu erkennen und auf sie gestaltend Einfluss zu nehmen.

## Literaturhinweise

### Lektüreausgabe:

BERTOLT BRECHT: *Leben des Galilei.* Suhrkamp BasisBibliothek 1. Frankfurt am Main 1998

### Weiterführende Literatur:

ALBRECHT FÖLSING: *Galileo Galilei – Prozeß ohne Ende. Eine Biographie.* München: Piper 1983
  Eine anspruchsvolle und zugleich gut lesbare Biografie Galileo Galileis, die einen hervorragenden Einblick in die Geschichte der Naturwissenschaften vermittelt.

WOLFGANG HALLET: *Bertolt Brecht, Leben des Galilei. Interpretation.* (Oldenburg Interpretationen Band 51) München 1991
  Eine ausführliche Untersuchung zu Brechts Drama, die weit über das im schulischen Deutschunterricht zu Leistende hinausgeht. In Auszügen ist diese Arbeit, eventuell zur Ausarbeitung eines Referats, jedoch durchaus empfehlenswert.

WERNER HECHT (Hg.): *Brechts Leben des Galilei.* Suhrkamp Taschenbuch Materialien. Frankfurt 1981
  Ein für den schulischen und universitären Gebrauch erstellter Materialienband. Neben einem Vergleich der drei Fassungen des Stückes finden sich Äußerungen Brechts im Arbeitsjournal, in Briefen, in der Dokumentation zur Theaterarbeit sowie Interpretationen verschiedener Literaturwissenschaftler.

LITERAMEDIA: *Bertolt Brecht. Leben des Galilei. Text, Interpretationshilfe und Materialien auf CD-ROM.* Terzio Verlag
  Eine besonders ansprechende Hinführung zum interaktiven Arbeiten mit dem Werk, seiner Entstehungsgeschichte und seiner Interpretation. Mit Hyperlinks zwischen Primärtext, Erläuterungen und Notizbuch.

## Anmerkungen

1 Sigmund Freud: *Vorlesungen zur Einführung in die Psycho-analyse* (1916–1917). Studienausgabe Band 1, Frankfurt 1982, S. 283 f.

2 Klaus Völker: *Bertolt Brecht. Eine Biographie.* Reinbek bei Hamburg 1988, S. 13

3 Vergleiche die nicht unumstrittene Biographie von John Fuegi: *Brecht & Co.,* New York 1994

4 Bertolt Brecht: *Vergnügungstheater oder Lehrtheater?* In: ders.: *Schriften. Ausgewählte Werke in sechs Bänden.* 6. Band. Frankfurt 1997, S. 188–198, hier S. 191 f.

5 vgl. Volker Klotz: *Geschlossene und offene Form im Drama.* München 1960

6 Günter Rohrmoser: *Das Leben des Galilei.* In: Benno von Wiese (Hg.): *Das deutsche Drama vom Barock bis zur Gegen-wart. Interpretationen.* Band 2. Düsseldorf 1958, S. 401–414, hier S. 413

7 Käthe Rülicke: *Leben des Galilei. Bemerkungen zur Schluss-sequenz.* In: Sinn und Form 9 (1957). 2. Sonderheft Bertolt Brecht, S. 269–321, hier S. 321

8 Bertolt Brecht: *Selbstaussagen. Zu einzelnen Szenen.* In: Werner Hecht (Hg.): *Brechts Leben des Galilei.* S. 67–73, hier S. 71

9 Gert Sautermeister: *Zweifelskunst, abgebrochene Dialektik, blinde Stellen: „Leben des Galilei"* (3. Fassung 1955). In: Walter Hinderer (Hg.): *Brechts Dramen. Neue Interpreta-tionen.* Stuttgart 1984, S. 125–161

10 Heinar Kipphardt: *In der Sache J. Robert Oppenheimer.* Reinbek bei Hamburg 1987

11 Friedrich Dürrenmatt: *Die Physiker.* Zürich 1985, S. 85